Best Time

白 马 时 光

在雾霾的日子里，

每一缕阳光的出处，

在你心。

和 孩 子 一 起 玩 ， 是 最 好 的 陪 伴

时光里的那些糖，

不过是你对我而言不可或缺的陪伴。

一起长大，

一起相信爱。

和孩子一起玩，是最好的陪伴

Playing with child is the best accompany

我们愿意相信，

不过是因为期待美好。

在童心会越来越远的未来，

愿意相信，

或许就是我们在这苍茫世界里，

不让自己孤独的方式。

我把一本书翻开在你面前，

不过是因为，

我希望由你自己，

亲手翻开"未来"这本大书。

和 孩 子 一 起 玩 ， 是 最 好 的 陪 伴

愿你对这世界保有兴趣，
用对你自己而言足够诗意的方式，
栖息在这颗星球上。
宇宙浩瀚，
愿你在无数平凡的渺小个体中，
成为自己。

叶萱 著

和孩子一起玩，
是最好的陪伴

天津出版传媒集团

天津人民出版社

图书在版编目（CIP）数据

　　和孩子一起玩，是最好的陪伴 / 叶萱著 . -- 天津：
天津人民出版社 , 2018.10
　　ISBN 978-7-201-14136-7

　　Ⅰ . ①和… Ⅱ . ①叶… Ⅲ . ①儿童教育－家庭教育
Ⅳ . ① G782

中国版本图书馆 CIP 数据核字（2018）第 212502 号

和孩子一起玩，是最好的陪伴
HE HAIZI YIQI WAN，SHI ZUIHAO DE PEIBAN

叶萱　著

出　　版	天津人民出版社	
出 版 人	黄　沛	
地　　址	天津市和平区西康路 35 号康岳大厦	
邮政编码	300051	
邮购电话	（022）23332469	
网　　址	http://www.tjrmcbs.com	
电子信箱	tjrmcbs@126.com	

出 品 人	李国靖
特约监制	夏　童
责任编辑	玮丽斯
特约策划	何亚娟
特约编辑	谢　媛
封面设计	小　贾
封面绘图	三　乖
版式设计	王雨晨

制版印刷	三河市金元印装有限公司
经　　销	新华书店
开　　本	880 毫米 ×1230 毫米　1/32
印　　张	8
字　　数	133 千字
版次印次	2018 年 10 月第 1 版　2018 年 10 月第 1 次印刷
定　　价	42.80 元

目　录
contents

目　录
contents

和孩子一起玩，是最好的陪伴

距离上一本亲子随笔集的出版，一眨眼就是四年。

托那本书还算畅销的福，四年里，我的微博、微信公众号后台每天都会收到若干留言，问：

"怎么才能让孩子爱上阅读，为什么我儿子五岁了就坐不下来、看不进去书呢？您能给我推荐点适合孩子看的书单或者适合我看的育儿书吗？"

"为什么辅导孩子写作业就像打场硬仗？姐姐你每天辅导孩子写作业要花多少时间？我觉得太累了，孩子也太累了。"

"当老师、开书店、带两个孩子、写书、上电视节目，叶老师您是怎么管理时间的，才能同时做这么多事？"

甚至还有年轻孩子来问：

"我今年读高一，成绩不错，应该可以进重点大学。我想学画画，但我妈不让，她说学艺术的都是差生，可是我真的特别喜欢画画，我该怎么办？"

"我的室友排挤我，她们去吃饭、上自习经常不叫我，我妈说一定是我自己有问题，可是我的问题到底在哪里？"

"很快就要高考了，我不知道我想学什么，鸡汤文里都说要为梦想奋斗，可是我没有梦想。"

……

无数次，这阻隔着的电脑屏幕，让我分外着急——因为无法面对面。

我看不见你的表情和眼神，看不到你的肢体动作和情绪变化，无法深入了解那些焦虑背后的细节因素，所以我无法针对那些影响你焦虑的话语、事件逐个分析，而只能从宽泛的道理或相关经验出发，给你一些兴许能开解一时，却无法疗愈根本的建议。

隔靴搔痒，其实是一名咨询师的大忌。

但好在，我还是一名女性话题小说作家。

是一名在大学任教、研究女性及婚姻家庭问题的教师。

是一名编写童书的图书策划人及开书店的亲子阅读推广人。

以及，是两个孩子的妈妈。

感谢这份教职令我关注、这支笔令我记录、这个妈妈的身份令我体验"共同成长"这件事。

也因此有了这本书。

它想努力思辨一个问题：当我们因为孩子不愿意读书而担忧的时候，当我们因为孩子死活记不住一句诗或几个拼音而失望的时候，当我们看着卷子上成串的红叉而焦躁的时候，我们的对策、方法以及我们对于自己的判断标准，有没有出现偏差？

为人父母显然不是一件容易的事。

尤其是当现代社会的家庭重担更多地压在母亲的身上，当我们除了母亲这个身份还必须承担职场责任与赡老义务的时候，面对一个不听话、不认真的"熊孩子"，和一个想要做得更好却总是绷不住脾气的自己，我们焦虑、敏感、着急、疲惫，甚至对自己失望。

其实，我们也只是个普通人啊！

我们的一天只有 24 小时，我们能承受的压力并不是无极限。当全社会都在呼吁把童年还给孩子，那些淡然从容的岁月呢，谁来还给妈妈？

我们不能苛求自己，正如我们本不想苛求孩子。

他们其实是我们生命中的新朋友——自从那坨红彤彤的小肉肉闯入我们的生命里，我们就进入一场两代人之间的磨合期。我们尝试相互理解但一路上不乏磕磕绊绊，而所有那些焦躁的发生，不过是因为我们希望他们更好，或担心自己不够好。

事实上，倘若有机会学习、调研与反思，会发现自家孩子并不特殊，因为大多数孩子在某个阶段出现的问题可能都是一样的；也是通过更多的倾听、了解与观望，会认识到所有育儿经都不能照搬照套，因为每个孩子所在的家庭是不一样的。

因此，不要焦虑，只要找到适合自己的方法就好。

比如，玩耍的方法。

他们毕竟只是孩子。

是孩子，就很难理性思考关于奋斗、命运、成长之类的话题，他们更喜欢玩——"妈妈我可以在楼下玩一会儿再回家吗""爸爸快来看我自己拧螺丝拼起来的小汽车""弟弟过来我们玩上课的游戏吧""我今天认识了一个新朋友，我们一起玩了很久""我更喜欢科学课，因为比英语课好玩啊，所以我很喜欢我的 × × 老师"……

这些太过常见的句子，才是他们发自内心、热情洋溢的分享。

这些句子里，藏着父母、兄姐因为"会玩"而被他们依恋、崇拜的目光，藏着他们对老师、朋友的亲近，藏着他们一点点进步的主动思考与主动探索，以及所有那些看不见摸不着、非一日养成却可受用终生的好奇心、专注力与理解力——而这些，恰恰也是"幼升小"过程中首先要具备的素养。

我们也是从陪小小婴孩玩耍开始，逐渐建立起彼此的信任。

倘若能把此后的学习过程也变成玩耍的一部分，那么在小学低年级阶段，大约也可以完成一个相对平稳的过渡。毕竟，玩耍是孩子们最容易接受的互动形式，他们在玩耍过程中产生好奇，在探索过程里养成求知热情与思考主动性；他们为了解决一个零件的位置而认真研究说明书，渐渐从玩耍中养成专注解决问题的习惯，又带着问题走进课堂，一点点学会上课认真听讲、课后专注完成作业和相关预习、复习；他们是看着故事书、逛着科技馆日益增进了理解力，又在充分理解的基础上生出新的好奇并用于表达、交流；他们甚至把在厨房里给妈妈打下手当作一种游戏，却在钻研美好食物的基础上渐渐更加热爱生活……而所有那些好奇心、专注力、理解力相互作用后所迸发出的力量，不仅影响着学习阶段的学习顺遂度，也关系到未来生活中的协调能力与幸福感知度。

玩耍，只是个引子。而玩耍过程中打开的思路、主动的询问、自发的探索，才是独立学习与独立判断的源头。

更何况，这个过程何尝不是打开我们自己的新世界？

那些形形色色奇妙又绚烂的玩具，我们小时候并没有玩过啊！那些一个比一个有排场的动物园、欢乐世界，我们小时候也并没有见识过！还有天文馆和科技馆里那些星体运行轨迹、火箭发射演示……那些知识对我们来说，也是第一次知晓吧？

我们是跟随他们的脚步，才遇见一个日益丰富、有趣的自己，甚至成为孩子们心中虽然时有争执，但仍愿意认可的榜样。

也恰是因为这份"认可"，才令所有那些引导与建议渐渐有了落脚的地方。

　　说到底，我们日复一日地陪伴、观察、思考、互动，是为了成就一个更加豁达、乐观的自己，也因此能让我们的孩子在平等、安全、自由的环境中长大，逐渐找到方向、坚持学习、善于思考、以诚待人，直到日益独立并有足够的勇气走远。

　　愿你能被这世界温柔相待，我的孩子。
　　我愿把我所能看到的、最好的世界分享给你。
　　——当你因为不辍的探索，而真的爱上这个世界的时候。

PART 1

陪伴，是最好的教养方式

孩子，请你自己也慢一点

学习，本来就是一件长达一辈子的事儿。所以，拼的是耐力，不是爆发力。我希望成为女儿一辈子都谈得来的妈妈，但她得知道，她想成为我一直都觉得谈得来的女儿，也并不容易——因为，那绝不是一周十套"黄冈小状元"就能换来的。

咚姑娘的童年，一直都过得挺不满足的。

十个月大时，她想学走路，颤颤巍巍地刚扶着书架站起来，就被妈妈看到，妈妈手一挥，摁着脑袋就把人姑娘摁下去了。

妈妈还好言相劝："咚咚啊，多爬爬啊，不着急走路，多爬爬，协调性好！"还拿自己举例子，"你看，你姥姥总说你妈协调性不好，打小不会跳舞，就是因为从小不会爬，你可不能重蹈妈妈的覆辙，知道吗？"

咚姑娘眨眨眼，再眨眨眼，流着口水笑了。

就这么多爬了三个月。三个月里，每次她站起来都被妈妈摁下去，站起来摁下去……摁着摁着也摁习惯了。

直到搬新家。

妈妈在新卧室里收拾衣服，突然觉得腿边有什么东西在动，一扭头，咚姑娘站在旁边，拉着妈妈的衣角，咧着嘴笑。眼见亲妈突然伸出手，咚姑娘好机灵，转身就跑，一边跑一边跌，爬起来再跑，一口气跑到北阳台。

这二十多步逃命一样的奔跑，从此开启了咚姑娘直立行走的生涯。

后来有人问："孩子学走路的时候，大人是不是特别累？"

咚妈特别懵懂地答："他们不是自己就能学会走路吗？累得着我吗？"

咚姑娘从旁边飘过去，没搭理她……

后来上幼儿园。

姥爷急，总问："咚咚认识几个字啦？"

她亲妈在聊天视频那头答："一个都不认识！"

"怎么不认识字呢？今天我们去超市看见一个小孩，比咚咚大不了多少，认识很多字。"姥爷叹息。

"认识那么多字干什么？认识字就不看画了，我买那么多绘本当摆设的啊？"咚妈义正词严，"先看画，看明白了再说！"

于是，咚姑娘一路"文盲"着长到五岁。

其间，娘俩重点分析：这本，油画风格，看纹理是粗的油彩，拿个油画棒感受一下；这本，水彩风格，颜色浓淡相宜，水性颜料，会自然晕染；这本，彩铅；这本，木版画；这本，光线的运用很有特点……

为了深入了解，两人比照绘本里的样子，在大白纸上调过颜料，在变色纸上观察笔迹渐渐变色，一起对比过铅笔、彩笔、油画棒的不同质地和笔触效果，还用光影做过游戏……在每一次奇妙的探索中，面对小朋友们更加奇妙的提问和猜想，妈妈想：或许，文字是"暴力性"的因素，禁锢了我们对这世界千奇百怪的揣测。

直到某一天，这个小姑娘又爆发了：五岁半，她疯狂地打听生活中遇见的每个字的读音；六岁，她开始模仿这些字的写法；六岁半她上学了，开学前一天兴奋地拿着语文课本，把所有课文基本流畅地读了一遍……

咚妈震惊了，给了她几本自己小时候看过的书：《青鸟》《夏洛的网》，她一页页翻下来，在完全没有标拼音的书页上，每页最多一个字不认识，还是多音字或生僻字。

那时开始觉得，许多事，水到渠成。

上学后，咚姑娘很喜欢做数学题。

有天回来告诉妈妈："某某的妈妈给他买了黄冈小状元！"

"黄冈小状元"是个什么鬼？学习机？

咚妈又蒙圈了。

上网查，噗……瞬间刷新一个学渣的认知——敢情"黄冈小状元"是小学生的数学、语文卷子！娘啊，80后上次遭遇"黄冈"这两个字是高三啊！为什么现在的孩子们从小学一年级就要做？！

顿时觉得青春好残酷。

但她想要，老母亲咬咬牙还是买了。

当当好强大，两天就到货，咚妈翻翻，哟……看不懂？！

也不是不会算，而是数都会算，但算法都不对……这种悲催感真是能毁灭一个硕士研究生的尊严。

幸而咚姑娘上课听讲很认真，能够清晰说出解题思路，有了这个底气，咚妈索性规定：卷子一周最多做一套，周末做！

结果，在一年级的过程中，咚姑娘就特别期待做卷子，期待做一些有逻辑推导过程的曲折题目，期待做出正确答案获得满足感，甚至逐渐默认做卷子是对她的奖励。

最彪悍的一次，是小学二年级期末考试前，放学后，坐在妈妈电动车的后座上，这个小姑娘自顾自地感慨说："好开心明天要摸底测验呢，我就喜欢考试，可以有很多没做过的新题，想想就很好玩！"

吓得她亲妈虎躯一震，然后电动车就在路面上画出一个流畅的 S 形。

……

说了这么多，你是不是觉得，我有秀女儿的嫌疑？

不，其实恰恰相反：按照我对周边环境和她个人性格的综合分析，我觉得这个姑娘未来的成绩也应该很一般，因为她不仅没有超常大脑，而且天资泛泛、脆弱敏感，她有过强的自尊心，这些都需要我不露声色地去调节感染。而调节感染的第一步，就是学会"适度"。

适度，是数量的适度、时机的适度、欲望的适度，也有好胜心的适度。

比如我之所以并不想让她做太多习题，其实是源于这些年来对她深深的了解——这孩子好奇心旺盛，还不太会克制自己的需求，结果遇见好吃的就使劲儿吃，但一口气儿吃多了就会吃腻，所以得悠着来。

说到底，我最怕的，不是她数学不好，而是她因为一时乐趣而自加负担，过犹不及，导致最后失去对逻辑推导、探索未知的兴趣。即便我知道未来无数次的考试、练习迟早会摧毁这种好奇与兴趣，但我仍然私心地希望她能把快乐的时间尽可能延长一点。

就像小时候从爬到走的转变，像等太久厚积薄发的认字——适度的"不满足"，适度的"觉得饿"，才能把家常便饭体验成美味大餐。直到未来某一天，无意间发现自己已经养成了这样奇妙的学习需求——倘若一段时间不吸收有效知识，会觉得饿。

结果，一段时间之后，咚姑娘就回来告诉我："妈妈，某某和某某某都说想来我们家做孩子。"

我惊了："为什么？"

"因为他们说我不用做卷子，某某说他妈妈每天都让他做好几套卷子……还有我们班主任在班会上说上课认真听讲才是最重要的，还拿我和另外几个同学举例子，说我们几个成绩好的学生其实平时做卷子都不是很多……"

呃……我哭笑不得，这段话的信息量有点大啊！

不过不管怎么说，能拥有一个强调认真听讲而不是题海战术的老师，也是咚姑娘的福气。

所以我们娘俩就有了这么个约定：错误是不可避免的，

不要因此觉得沮丧，不妨把沮丧的时间拿出来分析错误原因，避免以后重复犯错。

其实对成年人来说又何尝不是如此呢？谁能终生不犯错？只要能及时查漏补缺，那么"错误"本身就有了价值。

也是在这样一路走、一路错、一路改错的过程中，咚姑娘渐渐暴露出她由于做题速度太快而粗心出错的弱点。最要命的是她连续两次把 17+2 算成 15……我看着两份卷子哭笑不得，这个 17 看起来真是咚姐的魔咒！

不过当我把两份卷子摆在她面前，高兴地跟她分享我关于"魔咒"的发现时，她自己也惊呆了。

从那以后，她审题要认真多了。

行！有进步就好。

那么，我不担心她的未来吗？

怎么可能。

我担心她长到十八岁，要高考了却不知道自己喜欢什么专业；

我担心她二十岁读大二，却不会寻找适合自己的学习方法，不知道怎样才能学好自己的专业课；

我担心她二十二岁快要毕业了，两手空空什么积累都没有，四处碰壁还埋怨这个世界不公平；

我担心她二十五岁工作了几年，没找到奋斗的方向反倒按部就班只会打卡，就这么弄丢了自己；

哦对，或许这时她在读研究生，但我怕她只是为了晚点踏上社会，才躲在象牙塔里选择逃避……

我对她的期待，是她能一直把求知作为乐趣，把解惑当作惊喜，明确并坚持自己所爱，用合理而科学的方式积累点滴收获。

但舆论环境、校园文化的影响如此巨大，巨大到她太容易被携卷着，为了成为一个好孩子而奋力奔跑，直跑到忽略了路边美丽的风景……

所以，未来十几年，我致力于传达给她的，是我最感到满足的、属于终身学习的幸福感——学习，本来就是一件长达一辈子的事儿，所以，拼的是耐力，不是爆发力。

我说过，我希望成为她一辈子都谈得来的妈妈。但，她也得知道，她想成为我一直都觉得谈得来的女儿，也并不容易。

因为，那绝不是一周十套"黄冈小状元"能换来的。

所以，孩子，你可以慢一点。

　　只要你沿途欢天喜地，只要你路上笃定前行，只要你走着走着就变得越来越平和、从容、坦荡……那才是妈妈最乐意看到的事。

因为信任，所以更加爱

生活琐碎，没有人真的可以成为永不发火、永远包容的圣母，我也不提倡这样逼迫自己。但，谢谢我的女儿，让我相信"退一步海阔天空"的意义。在雾霾的日子里，每一缕阳光的出处，在你心。

现在说起来，这是个有点久远的故事了。

2012年秋天，两岁半的咚姑娘开始上幼儿园。

第一个"六一"儿童节到来的时候，咚姑娘刚满三岁。那年，幼儿园举行了庆"六一"亲子运动会。第一个项目是每个班的小朋友的入场式，随后小小班的小朋友一起表演一个集体舞。

我很期待。

因为那是咚姑娘第一次在大庭广众下表演，虽然站在人群中间，但也是这个羞涩的姑娘很了不起的进步。

但是那天我没看到这个惊喜。

因为就在开幕式开始前几分钟，咚姑娘突然站在等待上场的队伍中号啕大哭，死活拒绝上场，反复喊："我不要上去！"

那一刻，众目睽睽。

幼儿园不大，每个年级一个班，又是蒙氏幼儿园，人数也不多，于是整个幼儿园差不多六十位家长都好奇地看过来，我一瞬间蒙了。

我突然有点着急，我的第一反应是：别人都行，你怎么就不行？！

或许就是那么一秒，责备的话几乎就要出口，但多幸运啊——最后一秒钟，我想起我的好朋友，也是幼儿园园长的宝华对我说过，咚咚这样的孩子，是典型的"场依恋型"孩子，她看上去胆小羞涩，但也是一种谨慎，在她没有感到对"环境场"的绝对熟悉和控制前，是不愿意表达自己的……

也就是那一秒钟，我在所有人的注视里，抱着我的咚姑娘，让自己几乎要生硬起来的语气尽量软下去，问她："真的不要上场演节目给妈妈看吗？妈妈真的很期待，期待很久了。"

咚姑娘含泪摇摇头。

我嘘口气，说："好。"

我说："咚咚，是这样的。'六一'节，妈妈送你礼物，也特别希望你能送妈妈一件礼物。所以妈妈想看看你跳舞。可是你今年不想跳……那么，明年的这个时候，你能上台演节目，作为送给妈妈的礼物吗？"

咚咚想了想，搂着我的脖子，点点头。

我说："好，那么，咱们现在去台下，看小朋友跳舞。"

她也好像松了口气，缩进我怀里。

就这样，那个"六一"，我们就在台下看着别人表演。略有点遗憾，但，还好。

然后，转眼，又到了一年"六一"。

你知道吗，这一年，咚姑娘真的做到了她一年前的承诺——她生病在家休假三天，中断排练，但这并没有影响她如期站在队伍里，跟小朋友们一起，欢天喜地跳了一曲《踏浪》。

她跳舞的时候，那么多家长都站在第一排拍照，我也是。所以，嘈杂的拥挤里，没有人看见，我的眼泪哗哗地掉下来——我在心里对自己说：看，我的咚咚真的做到了！咚咚，你真的送了妈妈一个特别棒的"六一"节礼物，你说到做到，你真是我的骄傲！

虽然你不是领舞，虽然你动作偶有遗忘，但妈妈真的特别欣慰，你敢于走到人群中间。

后来，我的咚姑娘眨眼到了五岁。

快要五岁的咚姑娘有个不太好的习惯，就是睡觉前喜欢吃几口大拇指。

这里且不讨论关于安抚奶嘴或者别的什么，因为我写这件事，想说的是咚姑娘的守信。

生日前几天，就在她开始期待生日礼物的时候，我问她："五岁，想要怎样的礼物？"

她说出自己的期待，脸上有兴奋的光芒。

我说："多好呀，咚咚长大了……不过，长大的标志或许还有别的什么，比如，长大的孩子是不再吃手指头的。"

她犹豫着看看我，没说话。

我看着她的眼睛，很认真地问她："咚咚，长大了，是不是可以不吃手指头了？如果你可以做到，我一定送你一份大大的生日礼物，作为庆祝！"

她认真想了想，最终还是点点头。

我确认一下："咚咚，你知道的，妈妈答应你的所有事情都能做到，对不对？所以，你答应我的事情，也一定能做到，是不是？"

她想了想，终于还是很努力地点一下头："好！"

那是她五周岁生日的前五天——从那天起，咚姑娘再也没有吃过手指头。

再后来，这个小女孩上学了。

她热爱自己的学校、同学、老师，会独立完成作业，会给自己检查，会提醒妈妈要在哪里签字，出了错误会自己仿照练习……总之，她就是我曾经幻想她成为的那个一年级小学生的样子。

但她也仍然存在很大的漏洞，比如，她很粗心。

她能睁着眼把5只梨数成4只，也能压根儿没发现语文卷子中间漏做两道题。

我们一起分析错误的原因，她有点不好意思，我看得出她已经意识到哪里错了，便没有多说。

直到几天后，她告诉我："我有的时候会把加减号看错，或者做题太快就把题目漏掉了。"

也是从这时起，"认真审题"才成为我们之间常常提及的关键词。

然后，就到了期末考试。

考前班主任从 QQ 群里嘱咐家长们：考完试先不要着急

问孩子们考得好不好，我们的孩子都很认真，这学期都很努力，不要增加孩子们的压力。

我们一考完就忙着玩，也没顾得上问关于考试的事，反倒是过了几天才想起来问："咚咚，写完卷子后你检查了吗？"

小姑娘想一想，点点头："我还检查出了一个错误，改掉了。"

我开心坏了，抓紧拥抱了我的小姑娘，"吧唧"在她的脸蛋上狠狠亲一口！

然而更开心的是在此后几年的求学生涯中，尽管平日里仍然避免不了时常的粗心，但逢考试留出充足时间检查的习惯也在渐渐养成，检查时坚持给题干中的重点信息画圈圈、坚持重新计算拿不准的题目之类的小技巧也在渐渐掌握……

所以，这真的是个靠谱的好姑娘啊！她答应我的事情，都在努力做到！

当然，对一个七八岁的小女孩来说，所有那些"做到"或"做不到"总要有些反复才正常。

比如：二年级第一学期的期末考试，咚姑娘终于又落了一道数学题，还在语文卷子的"看图写话"部分写错了一个拼音。

回家后，小姑娘很沮丧："妈妈，我真的检查了，但是我没检查出来。"

没等我说话，她又焕发了满脸的光彩："我们平时练习的时候，'看图写话'写错了拼音是不扣分的！我们老师只是圈出来提醒我们，都不扣分的。"

我友情提醒："但是，咚咚，给期末考试阅卷的是高年级老师，不是你们班主任。"

小姑娘突然愤怒了："妈妈，你就不能祈祷老师看不见我写错的地方吗？！"

我愣一下，很认真地告诉她："咚咚，妈妈说过你不用非得考满分，毕竟犯错误是难免的，你只要不重复犯错误就好了。所以，这次错了也没有什么关系。但你不能自欺欺人，如果每次都靠运气，总有一天会吃亏，因为运气不掌握在自己手中，它是靠不住的。人能依靠的，只有自己。"

小女孩哭着回了自己的房间，我看看她关上的门，没多说话。

但是不过一小时，她从屋里走出来，又和弟弟闹成一团的时候，我看她的表情就知道，她已经想通了个中关键，变得一切如常。所以晚饭聊天时，我们旁敲侧击感慨了姐姐在新学期又涨了更多知识、取得了新的进步，尤其是不小心犯过错误却能正确看待错误，以后尽量避免重复犯错……真是一个很棒的姐姐哇！

说这话时，咚姐是一贯淡定的表情，路人叮报以热烈的掌声。（所以我家弟弟真是一个较为有天赋的神助攻啊！）

不管怎么说，我其实很感激这一次犯错——是时候来一点力度适宜的"挫折教育"了！而碰巧中间又加入对认真与运气的辩证思考，更是意料之外的收获。

果然，随后的新学期里，咚姑娘又拿到许多次满分。有时也有错误，但我们一起分析错题的夜晚，也有更多宝贵的收获。

这就是一个平凡普通的小姑娘，与"信守承诺"四个字越战越勇的故事。

当然，以后，她仍然难免粗心，可问题是——我们自己，就永不粗心吗？

我想，最值得欣慰的，是她学会了如何才叫"认真审题"，还学会了认真检查，又在慢慢端正自己对"严谨"二字的态度，这已经是最大的收获。

因为，积累有效的学习经验与寻找科学学习方法的过程，远比成绩本身来得重要。

是的，她答应我的事情都在尽力做到。

所以，我答应她的事情，也一定要做到。

我曾经对叮叮和咚咚说过："信任，是不能轻易打破的，因为要重建，太难。"

亲情亦有"塔西佗陷阱"，我们不要坠入此间。

生活琐碎，没有人真的可以成为永不发火、永远包容的圣母，我也不提倡这样逼迫自己。但，谢谢我的女儿，让我相信"退一步海阔天空"的意义。

在雾霾的日子里，每一缕阳光的出处，在你心。

孩子，你不需要成为我

在普遍的公德义理中，哪怕纷繁芜杂，却仍然能够知晓自己、做自己——那才是一个人，独立于这世间时，应该有的模样。

　　周五下午，我收到咚咚班级群里的紧急通知：要求每位一年级同学的家长在下午五点前上交一张孩子的电子版证件照，同时附一句十个字以内的留言，概括孩子未来一年的目标，比如"爱上阅读"之类……

　　我认真一思量，这么大的事儿，涉及人生目标啊！我哪敢胡乱做主？！万一概括错了，咚姐不得埋怨我？

　　当然埋怨我倒不怕，怕的是这孩子跟我一样有个习惯：只要我承诺的，就一定做到；我做不到的，也不会信口承诺；我没有承诺的，谁也别想逼我做！

　　于是我就一边工作一边看着时钟，终于等到四点十分咚姐放学，估计已经走出校园了，这才迫不及待拨打她的电话手表，就听到小女孩的声音欢乐而雀跃："妈妈！"

我言简意赅赶紧说正事儿："你们老师让交照片并用十个字给你概括未来一年的目标，刚才催得急，我先写了一句'读更多好书，写更美文章'行吗？"

好在咚姐十分满意这个说法："太好啦，就这么写吧，反正我就是很喜欢写文章什么的，妈妈你能继续陪我写吗？就是我说着、你打字那种，妈妈你打字好快！"

"呵呵，"我报以低调而谦虚的笑声，"好说好说，等你长大了也会打字很快的，因为那时候你已经很熟悉汉语拼音，而且也熟悉了键盘上字母的位置。"

孰料小女孩已经开始了美好的展望："好呀好呀！我要写很多好作文，妈妈，我想像你一样，也能写书赚钱！"

呃……突然觉得哭笑不得，为了我亲闺女的思想能进一步符合社会主义核心价值观，我赶紧憋着笑补充："是这样的，咚，写作最重要的是能让人觉得很高兴，如果你真的喜欢，还能从中获得快乐，这才是最重要的。在这个基础上，如果还能赚到钱，那就更完美啦！不过赚不到也没什么，不管怎么说，你已经高兴过了对不对？"

"哦……"电话那边好嘈杂，能听见小女孩蹦蹦跳跳的喘息声，"好的，妈妈，那我就不赚钱了，我高兴就好了！我还是想写书，我非常喜欢和你一起写作文然后你给我打印出来……妈妈我想成为你那样的人！"

这次是真的笑哭了——这么多年过去，咚姐的人生目标还真是没怎么变过啊，虽然动机总是很诡异……

那还是咚姐五岁多的时候，某天，她突然很真挚地对我说："妈妈，今天老师问我们将来想做什么，我说我想成为我妈妈那样的人！"

我十分高兴："妈妈是哪样的人啊？"

咚姐笑眯眯："就是大学老师啊！我也想像你那样做个大学老师！"

我被她感动了："真的啊？那太好了……"

还没等抒情，咚姐神补刀："因为如果是那样的话，我就可以像你一样每天坐在家里玩了！"

我……姑娘，你哪只眼看见我在家里有空玩了？！

当然，说笑归说笑，作为一个妈妈，我还是很高兴我女儿终于从对我"游手好闲"的羡慕，转为对"写书能赚钱"的崇拜，而且目前看来似乎已经认同了"写书主要是为了自己高兴"这个说法……

忍俊不禁之余，想起我的小时候。

小时候，只要有妈妈的大学同学从上海来，或者她和同事、朋友聚会至酒酣处，我最经常听到的一句话便会是："如果你能有你妈妈的一半……"

在长达十几年的时间里，这可真是一个常见句式——假使，你有一个到大学时代仍然保持高等数学、解析几何、线性代数门门满分的妈，而你费了好大的劲高考数学才48分（满分150），你就约略能够体会，我是一种怎样的心情。

而且，我还是个从小看上去很乖，内心却始终很逆反的小孩。一路在满腔怨念、吐槽和自我解忧的练笔中渐渐长大，歪打正着学了艺术，十八岁开始再也不用学数学，从此放飞心灵，写着写着竟然还成为所谓的作家？！

所以我一度很心虚——这年头作家的门槛都这么低了吗？

但是不能否认，内心是有小庆幸的：看，我没有我妈妈一半厉害，可是那又怎样呢？我一样可以过得很好。我在我的领域里也有我的专长，我也在很多地方受人尊重。偶尔出席个论坛啊、年会啊，或者颁奖礼什么的，也被各路大神或明星人物尊称一声"叶老师"，逼得我不得不全程保持端庄的微笑，以映衬自己"德高望重"（老当益壮）的形象定位……

直到前几天。

因为发生了一件棘手的事情，我打电话给我妈寻求策略援助，结果母上大人退休两年了，思路却仍然十分清晰——毕竟她有管理过上万人国企的气魄啊，一二三四五，瞬间就把优劣捋清，从原理说到方法论。

我忍不住感叹："妈妈你好厉害，我觉得再过十年我也不会有你这样的气魄。"

我妈却叹息："其实，任何人经历过的事情不同，所处的位置不一样，方法和反应自然不一样。我也不希望你变成我这样，因为你没必要经历我们经历过的那些。"

哪些呢？恢复高考、国企改革、机关合并……国家的进步，省略号里欲言又止的一切，都是用几代人磕磕绊绊的摸索换来的。每一场命运转折的关头，有人困顿就有人进步，有人惶惑就有人思考，但总而言之，他们经历过的跌宕起伏我们再不用经历。在大时代的动荡前，我们最大的障碍不过是求学的艰难或就业压力的增大，而不再是不可预料的颠沛流离。

——因为走过，才知道不易，才不想自己的骨肉也去面面俱到。

同样，我的咚咚，因为你的妈妈是一点点写过来，才知道这条路并不好走。

要有持之以恒的深阅读，要有少年时会觉得无聊的思考，要走更多或许不那么顺遂的路，要日复一日在静默中凝结成字、落了笔，然后大段大段地删改；要能沉于悲欢离合，亦能冷静俯瞰波澜，毕竟文字这种事，有直抒胸臆的大快活就一定有引而不发的长惦念……

然而这些到底还是你的自由。

你不自由的，是总有那么一些剪不断的牵绊，让你想写的时候不能写，不想写的时候不得不写；想写的东西不可以写，不愿意写的东西必须连篇累牍地写。责任或市场，在一团渐渐浮躁起来的空气中，是你甩不脱的小鞭子。

以及诱惑。

那些功名利禄，那些浮世荣华，那些光鲜夺目的一切……很多人坚持往前走，然而走着走着就忘了自己为什么出发。

这也就是为什么，妈妈希望你爱上文字，却又怕你只为了钱而爱上它。

我们都跟好的物质生活没仇，然而因钱而生的维系却又是最淡漠的。它太具象化——有它，自然可以兴奋地坚持很久，但如果没有呢？如果日日等，为此甚至不惜放弃自己的底线和风格，然而仍然没有呢？

我不愿看你因为定错了方向，而变得越追求就越绝望。

文字，应当是你看世界的动力、省自身的桥梁。

是爱，是欢喜，是记录你所在意的生活，是关注看似不起眼的微末。

然后，从中发现自己。

人最高层次的满足，是自我价值的实现。

所以，哪怕我再热爱写作这件事，也不会强加你练习写作。这种笃定，就像我并不认同所有那些因为对某种职业、某条道路、某样生活表示认同就想以此强加给儿女的"为你好"一样。

你不必成为我，也不必成为任何人。

不必为实践或验证任何人的预判而走你不喜欢的路。

当然，我知道今天你欢悦的话语不过是因为你对妈妈的欣赏，会有羡慕，也在隐约搜寻靠拢的可能性。对此，我在开心之外，更多的是庆幸——庆幸我被你信任、被你依恋，也被你认同。

　　然而我也知道你尚稚嫩，还担不起太多关于未来人生的规划，所以，并没有打算给你刚萌芽的爱好以拔苗助长的外力。

　　归根结底，你是你自己。而我今天努力做的一切，不过是为了护佑你、帮助你、陪你，找到你自己。

　　在普遍的公德义理中，哪怕纷繁芜杂，却仍然能够知晓自己、做自己。

　　那才是一个人，独立于这世间时，应该有的模样。

教育，就是因时、因地、因人制宜

对父母而言最重要的，不是你取得怎样的成就，我的孩子——
而是你深知所爱，勇于尝试、坚持思考，并能从中得到快乐。

每到周末，不带咚咚和叮叮出去耍一耍，就总觉得好像缺点什么。而如果连续几周没有一起出去耍一耍，我会觉得我的生活都灰暗透了！所以，为了这个"耍一耍"，我们苦心孤诣，把要上的培训班都挪到了平时课后或者周日全天——以便空出周六这一整天的时间可以郊游或者纯晒太阳休息。

于是就变成了这样：周一课后是咚姑娘的国际象棋班，周二课后是叮少年的乐高机器人班，周三课后是咚姑娘的硬笔书法班，周四课后是咚姑娘的国际象棋班和英语班，周日上午是咚姑娘的英语班，下午是叮少年的足球班……而到这本书出版的时候，估计叮少年也加入了一个周末的硬笔书法班，终于能够理解姐姐说的"提笔""顿笔"都是怎么高大上的一回事。

说到这里，估计又要被批评——给孩子报那么多辅导班干什么！我们家孩子从来不上任何辅导班，就是玩，童年就要好好玩！以咱孩子的智商还用上辅导班吗？做妈妈不能太急功近利……

呵呵，其实这些年从 BBS 到博客到微博到朋友圈还有聊天群，看这样一些辩题已经审美疲劳——有人说，孩子就要放养；有人说，真要将来做个普通人也是很辛苦的；有人说，现在不辛苦一些总有一天将来会后悔；还有人说，其实人生起跑线什么的都是扯淡……

所以，在"公说公有理婆说婆有理"的背景下，我们到底要怎么选？

在咚咚上学前，就起码有三位前辈姐姐告诉我："如果可以，带孩子上个硬笔书法班，上小学后，写作业不至于写到太晚。"

我将信将疑，既不敢赌一个混乱的未来，又不想让女儿太辛苦，纠结了一番，索性顺势报了一个咚姐幼儿园楼上儿童活动中心的课后书法班——有个暗藏私心的小念头是，就算练不出一笔好字，那么每周的这一天能晚点接孩子也好啊！毕竟对于职业女性而言，下午四点就要守在幼儿园门口接孩子……委实是个挺大的压力。

然而，谁能想到，歪打正着，还算有些基本悟性的咚姑娘就这么有一搭没一搭地对汉字架构有了基本印象，会握笔、懂轻重，进入小学后总是作业一次达标，不用擦擦改改，所有作业加起来不超过半小时就能完成。意料外的惊喜，是她经常被老师夸作业工整，多了几许学习上的信心，还省出大量时间可以看课外书，整个人虽然仍是有些内向，但乐观的心态能被看得见。

换言之，我不需要冲她大吼大叫真不是因为她多么懂事省心，也不是因为我多么温和慈爱，只是因为我们不经意间把一点点还算力所能及的工作以并不太辛苦的方式，做在了前面。

只是拿出一点精力，却可以换回更多和谐——我觉得这笔买卖还不错。

当然，幼儿园时代学习的一星半点的书法基础终究无法支撑小学一年级田字格里的讲究。随着一年级下学期人教版课本里突然加大的生字量，咚姐终究还是加入专业的少儿硬笔书法培训机构，开始了每周一次的辅导生涯。为了抚慰即将投入辛苦练习的咚姑娘，我选了朋友家的儿子也会去上课的那一天，承诺小朋友们只要耐心上完书法课，就可以组织熟悉的两家人一起去吃好吃的……

那并不是一场说着玩的锻炼与启蒙——那些能写一笔好字的人，绝大多数是经过了横竖撇捺无数次枯燥的揣摩，在田字格里不断找更合理的架构与轻重，然后才按照最好看的写法工工整整誊写到作品纸上。一首诗练几个月是寻常，熬的不仅是孩子，更是家长！

因为辛苦，孩子分分钟会罢工。做妈妈的，要不断变换角度进行鼓励，要会说笑话缓解气氛，还要陪着孩子一起练——我猜，这一定不是我一个人的心得与感叹，只要看看身边那些为了陪孩子而学会了钢琴、看懂了五线谱、能够对弈手谈、英语口语比大学时代还要好的妈妈们，不难想象，彼此曾经历了多少身体力行的艰辛。

直到，我曾经的一位同事在聚会时感叹："以前，我跟其他人一样，也总是说'学钢琴是为了陶冶情操，才不要让我女儿随大流去考级'，但今年暑假我还是送女儿去参加钢琴考级了。"

她看看我好奇的表情，笑了："因为我发现，考级还有个积极效果，就是可以鼓励孩子——我女儿六岁才考出来钢琴一级，当然不是什么天才，但她自己很高兴，竟然回家后主动要求练琴！"

我恍然大悟。

于是，第二年夏天，我也抱着试试看的心情，在咚姑娘开始觉得无聊之前，把她的书法作品交给老师，参加了省里的少年儿童书法大赛和书法考级。几个月后，四级证书和全省书法比赛银奖证书同时抵达小女孩的手中——那时她刚结束小学一年级期末考，系统学习硬笔书法三个月。

那天，小女孩有些兴奋地看着自己人生中第一张专业证书，主动对我说："妈妈，吃完饭我多练两行字吧！"

看，才三个月，坚持开始变得艰难，而雪中送炭的，就是那张曾被很多人嗤之以鼻的考级证书。

所以，辅导班只是在增加孩子的压力吗？考级证书只是功利的追逐吗？

未必吧。

现在，我倒是更愿意相信"一分为二""主流支流"的观点，愿意相信那些逼孩子学钢琴的妈妈，兴许只是为了磨一个孩子的耐性；带孩子学英语的妈妈，可能只是怕孩子起步阶段掉队太多打击自信……我渐渐开始知道，有许多坚持，并不是为了成名成家。而为了这些坚持的实现，更多父母在咬着牙扛。

所以，寒来暑往，每周坚持往辅导班跑，最考验的不是孩子的毅力，而是父母的精力。

也因此，那些关于教育的话题，真是不能一竿子打死——不仅不能非黑即白、以偏概全，而且还要用发展的眼光看问题。

举个例子。

咚姑娘参加的辅导班，从学龄前的舞蹈、轮滑，到后来的国际象棋、英语、硬笔书法，每一个都是她自己选择、自己拍板。我像所有那些妈妈一样只对她提出一个要求：你可以不学钢琴不学小提琴，但请务必把你选择的事情坚持好。（天晓得在说这句话的时候我内心有多纠结，因为作为一名艺术院校毕业生，我多么希望她能学一门乐器啊！）

总的来说，她坚持得不错——但，仍然会有舍弃。

比如，她渐渐开始感觉到国际象棋的孤独——在长达一年半的学习过程中，爸爸妈妈、爷爷奶奶、姥姥姥爷都不会下国际象棋，唯一愿意陪咚姑娘练习的，是小她一岁九个月的弟弟叮叮。当然，叮少年技术很烂。

终于到了晋级赛打得无比辛苦的那一天。我陪赛，也全程听身边的家长们聊天——除非是特别爱好此道的孩子，能够自行坚持用 iPad 练习下棋，否则绝大多数孩子学下棋的最大回报，不过是凝练一些诸如"坐得住""懂推理""学会走一步看三步"的习惯，而棋艺水平却始终卡在某个瓶颈上，难以突破。

我不怕"难以突破"，因为倘若真的喜欢，终会有突破瓶颈的那一天，但我观察着观察着，却发现这个小女孩，她真正凭着爱好在坚持的，是阅读与写作。

是的，写作。

不是写作文，是写故事。

我已经无从追溯她是从什么时候开始迷上了写作，但我知道她和我少年时一样，走近写作的原因不过是"书看多了发现很多故事不过尔尔，从模仿开始我也能写出类似文章"，如此。

初生牛犊不怕虎的咚姑娘已经在小练习册上夹杂拼音写完了很多故事——看完罗尔德·达尔，她写的故事里就有了玛丽小姐和罗德先生；看完沈石溪，故事里的主角就是一只狼；看完阳光姐姐小书房，故事里就多了个小女孩，和她的同班同学们一起竞选班长、比赛歌唱……

直到某一天，她看见我新书的第六稿提纲，模仿着给自己的新故事写出了清晰的人物小传。又过几天偶然看见了我正在修改的剧本，她就给"小饭桌"的同学们编出了几幕逻辑混乱，但小朋友们演得乐此不疲的情景剧。也因为我和叮叮、咚咚的三人鉴赏小组在去电影院看电影之余还常常利用周末一起在家里用投影仪看电影，边看边讨论……后来有一天，咚姑娘给我分享她图文并茂的新故事，那一组组图画俨然就是一组稚嫩的分镜头剧本，甚至当中还有一组完整的正反打镜头，生动勾勒了两个主人公的表情和动作！

我惊呆了。

思考很久，在认真与咚姑娘讨论后，经过她的权衡，我们都觉得没有必要再拘囿于所谓坚持与恒心的说法——因为如果有更好的条件呵护她的爱好与另外的坚持，那为什么非要停留在唯一选择项？

2018年春天，我们停掉了咚姑娘的国际象棋课，开始增加一门授课时间、内容都随意的《艺术鉴赏与故事写作》，授课人——妈妈。

咚姑娘很开心。

虽然，连她自己都说："我要变成妈妈的小白鼠了！"

嗯，定位很准确，认知很清晰！

毕竟，我的目标，不仅是把一些探索中的经验分享给叮叮和咚咚，还希望在验证和完善这些经验与方法后，能把更多适合小朋友的故事创作技巧分享给更多热爱写作的孩子，帮助他们圆一个小小梦想。

所以，这一次改变，和"没有毅力""不能坚持"没有半毛钱关系，而是克服一点人云亦云之后，毅然放弃一些什么，重新积累一些什么。

毕竟，对父母而言最重要的，不是你取得怎样的成就，我的孩子——而是你深知所爱，勇于尝试、坚持思考，并能从中得到快乐。

这样说的时候，我们的叮少年也即将从幼小衔接班毕业了。是的，每当说到"是否要上幼小衔接班"这个话题时，我不止一次被人抨击——以咱孩子的智商，还用上衔接班吗？你小心过犹不及挫伤孩子的学习积极性！你到孩子三四年级的时候一定会后悔的……

可是，要说这些问题我都考虑过，你信吗？

　　有了孩子之后，我好像自然进化为情报信息员，通过试听课程、收集口碑、网搜舆论等若干方式，先比较过距家三公里内的早教班，最后选定的那家课程不会太累，早教班老师就是幼儿园小小班的班主任，便于完成自然过渡，适当克服分离焦虑，而后来叮叮和咚咚的表现也的确印证了"主场作战"的心理优越性；后来比较过三公里内的名牌与普通小学，甚至还驱车十几公里考察了某知名小学分校的基建工作，最后还是选定离家五百米的一所口碑甚好的小学，最滑稽的是我家的房子完美避过了该小学学区，于是只好另买一套学区房并一夜回到解放前……

　　再后来就是考察幼小衔接班了，我认真分析了叮叮和咚咚二人从蒙氏幼儿园毕业后的长处与短处，再次分析遍了三公里内的那个圈，最后选定的衔接班其实只是叮叮和咚咚所在幼儿园顺势升班的过渡阶段——仍然是熟悉的教室、熟悉的操场，且只放了很少一部分课程在"学习如何握笔、写数字 0～9"上，而更多时间是用来上美术课、声乐课、京剧课、手工课、阳光户外课……所谓衔接，更多的是培养孩子们坚持 45 分钟不乱跑的上课习惯与尽量不走神的听课习惯。课程并不紧张，每晚回家的"作业"多是给爸爸妈妈背诵一首诗歌，但还用神奇编码教会了不会写字的小朋友如何记作业。

咚咚从这里毕业走进小学，叮叮带着满脸向往的微笑又走进这里。我不知道如何在效果上判断这个衔接班的优劣，但我知道咚姑娘一路上适应良好，并没有发生"上小学后因为觉得无聊而不再认真听讲"的情况。相反，她对课程充满好奇，早早就买回小学六年的语文、数学教材，因为想看看后面还要学些什么；叮叮的反应更直接一些，大约就是每天接他回家时都要和小伙伴告别超过十分钟，问他"今天开心吗"，答案永远是雀跃笃定的"开心"！

……

所以，辅导班到底要不要上？学前班到底是不是有过无功？早教班真的有用吗？考级真的纯功利吗？学区房到底有没有购买的意义……

前后围绕着"教育"这个话题的问题有那么多，但实际上，班和班不同，孩子和孩子有差异，家庭成员是两代还是三代共同生活也自然不一样。真正影响孩子的，是我们自己的态度，毕竟，外因总要通过内因发挥作用。

作为一块多年的废物点心，我的人生其实一直缺乏尖锐迅捷的判断——我会权衡很久，过去叫作"选择障碍"，三十岁之后发现或许也是一种慎重。我们告诉孩子这世界不是非黑即白，首先我们要让自己知道，这世界上万事万物都有万千可能，武断会伤害的，兴许也包括自己。

　　所以，在新问题层出不穷的路上，我们有心观察、多听多问，还是不要急着下结论。

　　凡事，走走看。

穷养、富养的关键，不在"穷""富"而在"养"

如果一定要给穷养、富养一个界定的话，那么在力所能及的物质基础上，通过有效陪伴来提高孩子在性情品质、处世态度、思考方法等方面的进步，那就是有价值的"富养"，反之就是"穷养"了。因为穷养、富养的关键，不在"穷""富"，而在"养"。

在写新书的时候，有阵子没更新微信公众号的某作者终于推送了新文章，问大家：新书互动版块，亲人们有没有想问的问题?

一位 ID"时二叶"的读者问：都说女儿要富养，儿子要穷养。萱姐，在你看来所谓的富养和穷养是什么概念，是不是也落实到咚姐和叮少的身上了呢?

也真是巧，我最近也频频和朋友讨论到类似事例，生些感触，不妨聊聊。

在知乎上看过一个故事，曾经给我极深刻的印象。作者说六七年前，在北京西单哈根达斯门口偶遇两个中学生，男孩希望女孩做他女朋友，而女孩答应的条件是一套哈根达斯的冰淇淋火锅。得知价钱后，男孩犹豫良久，但最终还是同意了。女孩一蹦三尺高，当场表示自己"终于可以拍照发校内和QQ啦"。做中学教师的作者补充说，其实这还不是最扎心的，她甚至见过一个上高中的女孩向一直追求他的男生提出过以下交换条件：一条周大福的手链，换一次游乐场约会；一个iPad，换一次牵手；一个最新的苹果手机，换一次接吻；三个条件全部满足，就当男孩一个月的女朋友。

　　另一个故事，则是我一路目睹过来的。一对家境平平的夫妻，艰辛地尝试了三次试管婴儿，最终在四十岁那年生了一个女儿。女孩从出生那日起就成为全家心心念念的宝贝，从小襁褓开始所有衣服、日用品，甚至婴儿床、小推车之类都必须是新的、漂亮的，从小到大所有用具都处于同龄人中的一线水平。她的妈妈长我十几岁，却比我还早地开始了海淘的道路，日常热衷于和我们探讨哪个英语辅导班虽然贵但特别高端。为了支付如此高昂的消费，她在日常工作之余还有一份兼职，每晚吃完晚饭就要去一间培训机构给小朋友上辅导课。给女儿的零用钱她从不吝啬，直到某一天，她去兼职的路上遭遇车祸撞断腿，在家休息时被小学六年级的女儿质问："我同学都有自己的智能手机，他们还出过国，为什么我跟他们比就这么穷？他们的父母也是努力给他们创造好的物质条件啊！我没有，就是你们不努力！"

第三个故事，主人公是个男孩子。本着"男孩要穷养"的宗旨，尽管家境尚可，但父母对这个儿子始终严格要求，不只物质节俭，偶尔还用鸡毛掸子揍几下。男孩子性格有些内向，平日里沉默寡言。父亲也很欣赏"男人就是要少说话、多做事"的优良品质，平时父子俩基本不怎么交流，逢寒暑假父母要上班，还会把儿子送回故乡农村跟着爷爷奶奶"劳动改造"。男孩渐渐长大，考入一所省重点中学，开始住校。父母给的钱虽不多，但班里也不允许带手机，又都穿着校服也看不出谁家富裕。班里有女生举办生日会，说是家长给订了包间，请要好的同学一起去K歌，他倒是鼓起勇气去了，但选择的礼物是校门口考试书店买的《高考语文学霸笔记》，差点没把寿星的眼珠子吓掉了。高考他考取一所"211"大学，没参加什么社团，也绝不参加学生会竞选，做过一次发传单的兼职，效果平平就没再去——反正家里不缺这点钱，何必难为自己？大二时谈了个女朋友，大三就分手了，理由是女生嫌他"没眼界、没格局、没认知，只是一个品质很好的人"。他哭着给我发私信，问："叶老师，什么叫作眼界、格局、认知？品质好不重要吗？"

第四个故事，主人公也是个男孩子。他有做出版社总编辑的父亲和大学教师的母亲，从小在优渥的环境下长大。男孩两岁起就喜欢辨认各类车标并讲得头头是道，上幼儿园了开始喜欢汽车车模，父母就在男孩的卧室中特地做了一面墙的展示柜，每个格子都是扁平形状，专门用来放男孩收集的车模，其中不乏父亲出差带回的限量版。男孩也很喜欢读书，从小父亲就给他讲绘本故事，大一点刚好利用工作之便从全国各地的书展上给儿子淘好书，回家后待儿子读完了，还和儿子一起讨论书中的文学手法，一起写书评。男孩成绩很好，读初中的暑假被学校挑选去美国游学，父母爽快地交了费用。母亲对此表示很开心，因为这个暑假终于不用父母带他四处旅游了，借此机会父母刚好自己出门度个蜜月。十七岁的时候男孩成绩不错，被所在高中挑选去美国做交换生，一年半后在当地参加考试，考取了常春藤盟校。我前几天刷男孩的朋友圈，发现他业余时间去一家汽车俱乐部做试车手，有时候会去参加比赛，还开了个微信公众号定期推送与汽车相关的精彩原创评论。有个同为中国留学生的女朋友，在另一所名牌大学读书，也是个爱车人。他们一起开车去美国西海岸旅行，年轻的身影满满都是朝气与幸福。

看完这四个故事，你说，是穷养好，还是富养好？男孩与女孩，到底谁该穷养，谁该富养？有人说穷养、富养应当是集中在精神而非物质层面进行讨论，这样理解究竟对不对？

我想，在回答这些问题之前，我们先要明白：富养和穷养的目的都是什么？

老话常说，女孩要富养，不然长大后极易被物质诱惑，甚至为了达到在他人看来微不可及的物质标准而交换爱情、婚姻、肉体甚至道德底线；男孩要穷养，因为作为顶天立地的男人，首先应当坚韧、顽强、勤奋，要有不为五斗米折腰的志气，也要有白手起家的底气。

这些都没错。

可是，毕竟时代在进步。当北京的高考状元可以坦然说自己的成功算不上什么，因为身为外交官的父母为自己提供了更好的物质条件与精神引导时，河北的高考状元说的是感谢贫穷，感谢母亲告诉自己踏实做事就好，还有母亲每天骑自行车接送自己和弟弟时一路三个人的欢声笑语、交流沟通；当同一演讲节目中的寒门学子多次以平凡人的奋斗史切入励志主题进行演讲，旁边知识分子家庭出身的同龄女孩在演讲选题中则屡屡侧重于对同一问题展开不同角度的多维思考……他们呈现出的，其实是同样宝贵的朝气、勇敢、智慧，以及不同生活经历、原生家庭所影响形成的不同视角与差异化关注点。

说到底，物质与精神从来都是相辅相成的。因为有了那些陪伴、沟通、鼓励，穷养的孩子能早当家，富养的孩子也能站在良好的物质基础上用更开阔的视野为自己拼一个更有趣的未来。反之，若失去了随时随地的品质引导、行为示范、反思自省，带来的可能是更加无休止的物质欲望，本想培养吃苦精神的穷养初衷也并不利于开阔格局的建立与独立观点的形成。

简单地说，物质条件是加速器，如果能够运用得宜，它可以加速一个孩子的成长与进步，反之，会更快走向我们所不忍见的未来。

那么，什么是"运用得宜"呢？

2006 年，一位美国社会学家安妮特·拉鲁撰写了一本影响美国社会的教育社会学著作，叫作《不平等的童年》。这本书其实也是她和她的研究团队的一本实证研究报告——他们从 1994 年起，用十年的时间走访 88 个美国家庭，着重观察对比了其中 12 个不同阶层的家庭，用翔实的数据、跟踪式记录及深度访谈得出结论：孩子的发展轨迹与家庭的经济资本有一定关系，但发挥更重要作用的，是一个家庭能否有效激活其所拥有的"文化资本"，这当中包括父母的品性、眼界、认知，以及在这些认知影响下所惯常采用的沟通方法和对未来的规划。

尽管安妮特·拉鲁用"协作培养（concerted cultivation）"和"自然成长（natural growth）"来概括美国中产阶级与贫困阶层间两种不同的家庭教育方式，这也导致该书如其副标题一样被认为是谈阶层、种族对教育影响的著作，但书中原样呈现的不同家庭的教育细节及总结反思，当真可以让读者收获良多。

因为当我看到这本书时，时间已经走到 2016 年，然而我惊讶地发现，十年过去，中国社会的家庭教育结构与十年前（也包括当下）美国家庭教育结构并没有本质不同。绝大多数父母都在努力为子女创造更好的教育条件：努力进更好的小学、初中，购买各种有益于学习的辅助工具，对课余辅导进行投资，支持孩子参加课外活动，尽量调整自己的日程安排以配合孩子们的需要……

而在家庭沟通方面真正推动成长积极化的，也仍然是拉鲁所提到的那些真正属于"素质教育"的细节：比如，和孩子一起读书、旅行或参观文化机构来开阔视野，鼓励孩子表达自己的观点并做出选择，坦然地把各种专业术语或其他书面语言混杂在日常闲谈中，不回避对于政治、经济、社会问题的简单讨论，运用说理或商讨的方式达到具体目的，在常见的商讨中渗透引导意图而较少直接下达命令或强加观点，在家庭事务上主动赋予孩子表决权……在一定程度上来说，这些态度使得孩子开始习惯于把父母当作伙伴、先导而非强势权威，也在日复一日潜移默化的影响中掌握了拉鲁认为对未来有重要影响的语言能力、社交能力、学习能力、思考能力等。

　　可见，如果一定要给穷养、富养一个界定的话，那么在力所能及的物质基础上，通过有效陪伴来提高孩子在性情品质、处世态度、思考方法等方面的进步，那就是有价值的"富养"，反之就是"穷养"了。因为穷养、富养的关键，不在"穷""富"，而在"养"。

　　说白了，如果脱离了"养"的本质来探讨穷养和富养的区别，那么等待我们的不是"穷人家的富二代"，就是"富人家的留守儿童"。

　　因此，对于叮叮和咚咚，我更在意的是我们互相陪伴过程中的共同成长。

　　我从不否认稍好一些的物质条件可以成为促进这种成长

的加速器，所以在现有经济能力的基础上，我愿意综合判断消费的合理性，倘若答案是肯定的，那么便尽力满足他们的合理要求，甚至适当升级对他们的投资消费，但不做力不能及的攀比。

必要的时候，我们也会一起分析某项支出对目前的我们而言是否有价值；如果适当推迟其实现时间反而会取得更好的效果，大家是否赞成，以及在达成共识后，最终确认我们彼此要为这项支出付出怎样的努力——因为最有意义的共同成长，首先应当是所有人的愉快参与，而不是父母单向的自我加压。

至于此般"富养"的价值，我想，其中最有价值的地方，莫过于有幸参与且陪你们一起成为独立、正直、有趣的人，我的孩子们。

三十年后，当你们走到我今天的年纪，倘若还觉得以上观点有可取之处，而那时的我也并没有成为你们的负累与抗拒，想来，那就是父母子女一场的极大成就了。

愿所有那些能够承担的美好，凝聚成记忆里最美的时光。

PART 2

玩耍，是学习的加分项

学习，是对这世界感兴趣

学习这件事，不是只要刻苦就可以的，因为走得远的人、能以生命为长度去坚持思考和学习的人，多是因为热爱。而真正的"快乐学习"，应当是在学习过程中，因为不断地提出问题、思考问题、解决问题，而获得巨大成就感与无限快乐的一种学习方法。

五月底，我所在城市的区教育局开启了小学生入学网络申报系统——那天，我朋友圈里的很多人都在盯着这个系统，眼睛眨也不眨地填报子女相关信息。

我也是。

我以史无前例的惶恐，盯着适龄儿童入学登记系统，一个字一个字地输入姓名、身份证号、房产证号、户籍号……写完了不放心，又截图给叮咚爸爸看。他在办公室，从电话里就特别直率地对我的自虐症状表达了不耐烦。

可是我能不紧张吗？死贵死贵的学区房，足足把我骄奢淫逸的人生追求又往后推迟了十年。我要是报名报错了，对得起我们楼下那成群结队自由散步的鸡鸭吗？对得起这足有三十年历史的楼房内外层层叠叠小广告的"人文积淀"吗？

可是，多有趣啊——当我终于完成填报工作后，我才发现，关于"幼升小"的全部紧张，竟然也只存在于报名环节！换句话说就是，真正关于孩子们上学后是否能认真听讲、是否能过渡到较为规律主动的学习习惯、能否理解并尊重老师的指令与要求……这些，我都不太担心。

因为，此前所有那些陪伴的时光，竟然就是我们面对崭新的陌生世界时，给予彼此的底气。

咚姑娘的专注力一向很好。

从心理学角度来说，那些看上去有些内向的孩子，大多有自己丰富、安静的小世界。他们坐得住、专注度高，就社交能力而言的劣势往往也容易成就耐心思考的优势。咚姑娘就是这样，她能耐心听很久的故事，会一丝不苟地给胶画、沙画填色，但最让我惊讶的是她在四岁那年，开始迷恋幼儿园里偶然接触的蒙氏数学小游戏。

说起这种游戏，老母亲就忍不住这把辛酸泪了。我到现在都记得咚姑娘从幼儿园带回家一本蒙氏数学游戏书的那天，老师原话说的是"家长可以看看这些游戏的类型，在家里也可以做一些互动小游戏，这和我们课堂上的日常工作性质相同，都是通过有趣、好玩的游戏，慢慢培养宝宝的专注力与好奇心，这也是他们幼升小时的必备能力"，咚姑娘的原话是"妈妈你快给我念题目，这个特别好玩，我要做完再吃饭"。

彼时无知者无畏的我啊，怀揣着一种"不就是几道小破题吗"的心情，豪迈地翻开了这本薄薄的小册子，开始给咚姑娘讲解：这道题，是让你用不同的小粘贴给三角形和圆形的物体分类，三角形物体贴到这个方形盒子里，圆形物体贴到这个圆形盒子里；这道题是个迷宫题，必须从这里出发，一路走到终点，你得用笔画出路线……

那时候，我哪里知道这是一条不归路啊！我还诚挚参与到了游戏当中，走着智商打折但表情必须到位，且能充分表达我"懵懂无知"的戏路，和咚姑娘一人一支笔开始做游戏。我们抢着贴小粘贴，一路跌跌撞撞走迷宫，渐渐用数小鸭子的方法知道了简单加减法……一本书做完，咚姑娘兴奋地表示：妈妈你能再给我买点这种书吗，还能贴小粘贴和画画来做题，太有趣啦！

已经做题做到眼冒金星的我顿时眼前发黑——作为一个自己不识字、必须要家长读题后才能做题的幼儿园小朋友，咚姐你知道自己的快乐都是建立在你亲妈分分钟要崩溃的基础上吗？因为你亲妈我不只要读题，还要把题目用你能听懂的方式翻译出来，要有足够的耐心静候你的思考，要和颜悦色地回答你的问题，要用喜悦的表情回馈你的正确答案，要用恳切真诚的语气提出修改思路而不是直接指出你的错误，更不能让你感觉到跟成年人相比你尚无知——是的，我本想安静地做个翻译，但后来发现自己活脱脱就是"演员的诞生"！

最要命的是，当随后快递到家，四十本不同主题的数学游戏书依次抵达，我们家咚姑娘越做越快乐、越做越有成就感，她在巨大的"自我实现的满足"中嗖嗖飞奔，等待我的只有"我要做完这本才能吃饭""太好玩了，我要画完这个迷宫再睡觉"……

请脑补一张困顿疲乏的绝望脸一秒入戏迅速转换成欣慰脸，对女儿微笑并表示肯定和鼓励的悲壮场面！

然而，虽一母所生，但叮少年的专注力几乎是负数。

托天天跟着姐姐混的福，叮叮是个语言发展比较早的小男孩，可以和比自己大两岁的姐姐的同班同学无障碍交流。他的性格外向，随时随地都能交到新朋友，能挖掘到生活中各种容易被其他人忽略的细节，但就是坐不住。

什么是"坐不住"呢？各位亲爱的战友，不知道你有没有这样的经历：听妈妈讲故事，妈妈一边讲，他一边掀起你的手，急着翻下一页；画画，所有细腻的描摹都跟他没关系，快速涂几笔就跑；屁股上像长了刺，在沙发上看个动画片也要上蹿下跳……

好吧，那就从"马赛克拼贴"这种简单的玩具开始玩。套装的拼贴，有不同图案，咚咚姐姐选择了复杂的直升机图样，大约要用到六种颜色；叮叮弟弟哼唧着选了粉红色小胖猪图案，只需要粉红色身体和黑色眼睛、蹄子两种颜色。按要求是得把不同颜色的小方块撕下来，把有不干胶的那一面粘到指定位置，一块块粘进去，最后就拼起了完整图案。

四岁的姐姐耐心地拼，不发一言，认真又准确，不一会儿直升机的半个身子就拼好了。我扭头看看小少年，还在奋力与不干胶斗争。我想了想，决定替他减轻一些难度，先把不干胶小方块一块块撕下来贴在我的手背上，然后让他从我手背上拿小方块去图样里粘贴。果然，速度就快了许多。

然而，耐心的好时光也不过就坚持了十分钟。

十分钟后，就看我旁边那个两岁多的单眼皮小男生叹了口气。

我扭头看看他，他也委屈而哀伤地抬头看看我，抱怨："唉，太辛苦了，妈妈，我真的是太辛苦了……"

我低头看看旁边姐弟俩的作品，哭笑不得——姐姐已经默默贴好了一个颜色复杂的直升机，我们辛苦的小少年，带着满脸历尽艰辛的沧桑，总算是拼好了一头猪的四条腿……

虽然过程艰难，但那毕竟算得上是我们一起玩各种专注力游戏的开端——从那以后，我们开始一起玩需要看说明书进行拼装的乐高积木、磁力片、机械拼装玩具，或是需要一颗颗用镊子夹入模板再用熨斗熨烫的拼拼豆豆；一起看各种科学类书籍，研究恐龙、海底、太空、土壤；买了显微镜玩具，一起观察羽毛和海藻切片……

可是多么令人惊喜呀，渐渐地，那个屁股上有刺的小男孩开始"坐得住"了，他开始摆脱说明书进行独立创造，时常蹙着眉头琢磨电源电路的连接；他喜欢在科技馆、天文馆里认真观察一套机械的细节，也热衷于在动物园里凑近了看一条变色龙的盔甲、用手指比量蜥蜴的长度……因为对这个世界充满兴趣与好奇，他渐渐能够一个人看很久的科学绘本，边看边叽叽咕咕自言自语，不认识的字连蒙带猜竟然也学会了很多知识。

虽然和姐姐相比，他能静静坐在桌前的时间仍然短得令人发指，但认真的态度总是好的。幼儿园的衔接班里，老师遇见我就会夸这个小男孩上课非常认真，回答问题清楚流利。幼儿园举办跳蚤市场，漂亮的小姑娘一定要来叮叮的摊位上聊聊天，小女孩的妈妈偷偷告诉我："我女儿说，叮叮是他们班里学习最好的学生。"

我的下巴都被吓掉了——这说的是我们家"话痨叮"？

实话说我从没敢幻想未来他们有多么瞩目的光环，因为路上还有太多的未知数，我只是非常爱此刻在陌生世界面前展露出全部真挚与纯粹的他们。

此刻，他们就像一张白纸，迫不及待想了解周遭世界，从不掩饰自己的惊讶与迫切。他们热爱周末去郊区山林里看绿叶、红花、蝴蝶，因为一条蚯蚓的蠕动而激动地呼朋唤友来凑近了观察；会在天文馆、科技馆里踮起脚急切地张望，然后被科技带来的震撼激发出"哇哦"的赞叹；还有博物馆、美术馆、艺术馆、海洋馆、大剧院里那些形形色色的展示，当知识变得更为浅显、有趣且值得探求，他们的眼睛里都闪着激动向往的光芒……要感谢这个时代，可以给孩子们更多的期待。

事实上，总有那么一些孩子，是在看见了更大的世界与更多新奇有趣的事物之后，才萌生了这样那样的愿望。哪怕个中坚持仍然艰苦，哪怕中途转行改学其他，但曾经的热切不是假的——那是喜欢文学的孩子翻阅的经典名著，是喜欢恐龙的孩子一本本查阅恐龙百科，是喜欢科学的孩子用小学生化学实验套装观察镁条燃烧的光亮，是喜欢机械的孩子用一块块积木把自己送上研究拼装机器人的路途……

他们的未来，可能就在此刻。

其实，这些，也就是一个孩子的专注力与好奇心。

小学一年级，数学开始有了立方体堆叠后的判断——图中，总有那么几块积木被挡住，但喜欢玩积木的孩子一眼就能判断出被遮挡的数量，信手选择答案，正确！可能因此博得老师并未点名的小小赞扬，却在孩童心底累积一点兴奋感与成就感。他渐渐对某种题型产生独特兴趣，后来又喜欢上这门学科，再后来他热爱推导，喜欢新的、有一定难度的挑战。

而另一个小朋友，是从听爸爸妈妈讲故事开始对阅读产生兴趣，为了能多读书而迫不及待学了拼音，又迫不及待摆脱拼音，他看的书越来越多，甚至出于想要模仿的好奇开始写自己的故事，捎带让语文课上的"看图写话""阅读理解"都变得容易起来……

学习这件事，不是只要刻苦就可以的，因为走得远的人、能以生命为长度去坚持思考和学习的人，多是出于热爱。

　　说到这里，想起曾经有人问过我："怎样才能让孩子爱上写作业？"

　　我答："很难！"

　　因为作业是任务，能不厌烦已是境界。

　　但"学习"是因为好奇而产生兴趣，因为兴趣而触发探求，因为探求而努力深入，因为深入而愈发惊喜，因为惊喜而深刻铭记，因为铭记而获得进步，因为进步而被他人赞扬……当一个人因为好奇的求知而获得被赞赏的喜悦，这不就是马斯洛所说的"人的自我价值的实现"吗？

　　所以，与其挑战"让孩子爱上写作业"的不可能，不如探求"因为好奇而主动探索"的方法。因为学习的确是一件辛苦的事，但好奇所产生的兴趣，会在一定程度上成为克服辛苦的力量源泉。

　　我想，所谓"快乐学习"，不该成为懒惰的托词，更不是父母推卸责任的借口；正相反，快乐学习，应当是在学习过程中，因为不断地提出问题、思考问题、解决问题，而获得巨大成就感与无限快乐的一种学习方法。

　　而我能做的，就是继续坚持陪你们长大，我的孩子们。

　　虽然，我不知道我能坚持多久，但我愿尽力帮助你将厌学的时光推迟，我愿你阳光善意地对待学校、老师、同学，我愿你知晓所爱、努力坚持，我愿你在享受学习所带来的成就感的过程中，爱上学习本身。

　　愿你，对这世界保有兴趣，然后，用对你自己而言足够诗意的方式，栖息在这颗星球上。

　　宇宙浩瀚，愿你在无数平凡的渺小个体中，成为自己。

我们的"晚自习"，我们的"夜生活"

我最欢喜的时间，就是晚餐时一起交流一点学习、工作上的趣事，让那些"不同"成为差异化的乐趣；而晚餐后我们仍可以坐在一起，在单位时间里专注投入各自的世界——每个人的爱好不同、习惯不同，但我们对于知识和彼此的尊重，是相同的。

2017这个年头，一定是我们家姐弟关系最不和谐的一年。

因为这一年，是姐姐小学一年级第二学期和小学二年级第一学期的转折点，也是姐姐甩掉汉语拼音开始争分夺秒大量阅读儿童文学作品的起始点。

于是常见状态就是放学回家后，姐姐窝在沙发上看书，弟弟黏在旁边念叨"姐姐你陪我玩吧"，被忽略。吃完饭，姐姐继续窝在沙发上看书，弟弟搬个小板凳坐旁边念叨"姐姐我们玩磁力片吧"，继续被忽略。睡觉前，姐姐靠在床头看书，弟弟趴在姐姐枕头边念叨"姐姐你给我讲个故事吧"，仍然被忽略……

　　这个自出生起就有姐姐陪玩的少年，在这一年里突然萌生出一种史无前例的孤独感，一天天的只能看见他顶着一张哀怨脸走来走去，有时还会在客厅里愤怒地大吼："你怎么都不理我啊！呜呜呜呜呜！妈妈，姐姐不跟我玩，她都不理我！"

　　真可怜，这时候才想起你妈，早干什么去了。

　　其实我也不是故意刺激他的，就只是那天晚饭时随口点个赞："姐姐，你给我推荐的那本《少年棋王》真的很好看啊，嗷嗷真幸福，我女儿都能给我推荐书看了。看书多真好，理解力强一些，考试能理解陌生题目，也不太怕写作文，真棒啊！"

　　正在闷头啃一只鸡翅膀的叮少年突然就抬起头来，面无表情地看着我，语气冷冷："对，她看书是挺多的，一直看一直看！就是看太多了，都不陪我玩了！"

　　我愣了三秒钟，然后——哈哈哈哈哈哈！

　　所以说，知识鸿沟什么的，真是太讨厌了呢！

　　但还是得忍住笑出的眼泪，煞有介事地传递正能量："叮叮不要难过，你还有一年就可以上小学啦，小学特别好，能学很多知识。人有了知识就会更加自由，就像姐姐这样，不用依赖别人陪自己玩,因为她自己看书就能够感觉很开心、很充实……"

少年眼神一亮,看着我:"妈妈,我都会写数字1到9了呢!我已经认识一些字了,我上次给同学们讲了那本《我妈妈》的故事!"

"那今晚我们一起上晚自习好吗?"我将信将疑对这个基本不太坐得住的少年发出邀请。

"好!"刚才的冷漠脸瞬间变得笑眯眯,嗖嗖地拿着勺子往嘴里灌粥,不知道的还以为他这么激动是要上哪儿去玩。

他姐终于拨冗看我一眼:"叮叮要跟我们一起学习吗?"

"是啊,让我们欢迎叮少年的加入吧,呱唧呱唧!"我鼓掌。

"那叮叮你一会儿不要吵,要安静。"姐姐扭头看她弟,嘱咐。

"我才不吵呢!"被伤自尊的话痨少年涨红脸,"你才吵!"

"每次都是你不停地说话!"姐姐一针见血。

……

再次鸡飞狗跳,我淡定喝粥——行吧,先吵五块钱的吧!

时间倒退回两年前。

那大约是在咚姑娘五岁半，距离上小学还有一年的时候，我们开始了属于我们自己的"自习课"。

本来，只是因为一点点隐约的担忧——快上小学了，从天天坐地板上课的蒙氏幼儿园毕业的咚姑娘，能习惯每节课45分钟的端坐吗，能接受迥异于幼儿园游戏方式的教学吗，能养成良好的学习习惯吗，能保持对新知识的好奇吗？毕竟，我最害怕的，不是她成绩不好，而是她因为不适应求学规则而对学习本身产生抗拒。

也因为想让自己拥有一点安静的思考时间，我就在家里餐桌上铺了桌布，摆上淡茶、甜点，撺掇刚从幼儿园回家的咚姑娘："咚咚，来，过来喝口水，吃点点心哈！"

果然小朋友很容易被诱惑，坐过来问我："妈妈，你在干什么？"

"我在工作，"我指着电脑给五岁半的姐姐和三岁半的弟弟看，"我在写文章，吃吃喝喝写写，很开心对不对？咚咚，以后你放学后，我们一起自习好不好？我看我的书、写我的文章，你看你的书、写你的作业，好吗？"

咚姑娘微笑："好的呀，可是我没有作业，妈妈。"

"那你看绘本、我写文章，我们都安安静静地做会儿自己的事情,晚点妈妈去做饭,你和弟弟一起玩,好吗?"

"好的,妈妈。"姐姐点头,转身跑去书架上取书。

"那我干什么啊,妈妈?"比餐桌高不了多少的少年扒着桌角看着我。

"你随便,可以去玩积木,也可以和姐姐坐在一起看书,也可以让姐姐给你讲故事,不过要小点声,因为妈妈还要工作,行吗?"

"好嘞!"小少年欢天喜地地也跑远了……跑去卧室玩磁力片了……

那就是我们"自习课"的开始。能坚持下来的动机,70%是为了让自己多点安静阅读的空间,30%是为了让孩子们渐渐习惯放学回家后能用一小时先写作业再玩耍的节奏。但歪打正着,渐渐,咚姑娘喜欢上了这种于灯下对坐、阅读、执笔的静谧时光,而叮少年路过我们身边时会放低音量,有时也会站在姐姐身边仰慕地看着我们,听姐姐拿本绘本小声地、磕磕绊绊地读:"阿布阿布你不要哭了,我们……我们一块去找你的红气球……"

他们有他们的快乐,从最初姐姐自己看绘本,到偶尔给弟弟讲绘本,再到姐姐自己拿纸笔写写画画后给弟弟看却不能给妈妈看，一路走到上了小学后习惯性在这个时间段坐下写作业、复习、预习……要谢谢他们，在这段时间里，对我的解放。

所以，如果说三年前我是在姐弟睡着后的深夜写完《愿你被这世界温柔相待》，那么中间这几年，我是在与姐弟俩一起上"晚自习"的过程中，写完了《让一切随遇而安》。书写得不见得有多好，但我们彼此都在进步。

渐渐地，在我们局促的小房子里，没有独立书房的劣势反而变成了晚餐后大家都聚拢在餐桌边一起读书、学习的优势——收了碗筷，擦净桌子，妈妈只要喊一声"谁帮忙铺一下桌布"，就嗖地跑过来两枚小炮弹……

是的，到这时，我们家叮叮经过了一年被冷落的孤寂和愤愤不平的抱怨后，终于"上桌"啦！天可怜见，每到晚自习时分，我们家少年叮总怀着一种"终于被认可"的喜悦，激动地捧着象征"晚自习"的那块桌布，兴奋地协助姐姐铺平（仔细看发现还铺反了），再坐到桌边煞有介事地一边写数字一边念叨："妈妈你看，我的'2'写得好吗？你看这一行里哪个'2'写得最好？哦，这个'3'写得好啊？这还不是我写得最好的，一会儿让你们见识一下，我写得最好的是数字'4'……"

　　实话说,如果不是我和他姐抗干扰能力都比较强,这会儿早就把这个自己跟自己聊天的话痨拍飞出去了!

　　可是,唉,又不能否认,这个唠唠叨叨的少年,他脸上洋溢着的幸福感和满足感实在是太有感染力,那副咧着嘴写写画画的骄傲表情,让你觉得学习真是一件神圣又得意的事情啊!围观群众叮咚妈也时常拍几张儿子坐在姐姐对面写作业的照片发给他远在基层挂职的爹,图中的姐姐几乎像是凝固了,每一张的姿势和表情都是一样的投入,而弟弟全程笑得前仰后合,兴奋之情溢于言表……妈妈忍不住给图片修改了"知音体+青年文摘体"文件名:《亲爱的姐姐啊,我奋斗了五年半才能和你一起写作业》!

　　可是,又要感谢弟弟的投入,平白给每天的晚自习增加了高大上的光环——专属学习与思考的这段时间里,姐姐也经历了从热情好奇到审美疲劳,再到接受弟弟热情的反作用力决心做表率的自律过程。

　　比如开始时,小学低年级作业少,姐姐通常很快就能写完,随手递给在旁边看书或是写稿的妈妈签字,然后就拿起课外书阅读。但时间久了,毕竟是小孩子,也做不到日日自

觉完成作业、及时预习复习，更遑论还有课外书法班的字帖
练习与英语班的在线题目——面对枯燥工作总是要谈判的，
因为"我不想做这个""我能明天再做这个吗"……然而到
了"明天"，等待你的是关于后天的新一轮谈判。

　　直到某天，当姐姐又提出"我不想练字了，我也不想做
口算了"时，弟弟拎着自己的简易字帖喜气洋洋地走过来，
走到桌边，看看姐姐，咧着嘴笑道："姐姐，我陪你写吧！"

　　说完他顿了顿，用手抚平自己字帖的封面，感慨："反
正我也要做一些有意义的事情啦！"

　　妈妈和姐姐一愣，突然笑喷。

　　从那以后，因为弟弟的加入、因为弟弟的向往与珍惜，
每当姐姐抬起头，看到妈妈和弟弟都坐在桌前忙忙碌碌时，
便会低下头自己预习功课，再掐表做 50 道口算。妈妈负责统
筹：给弟弟看看数字写法，或给姐姐每单元的学习定期查漏
补缺——因为有了日常的循序渐进，到期末考试前只要定期举
办三人知识竞赛，在一片互相提问抢答（弟弟属于胡蒙乱猜）
的热烈气氛中，各种奇形怪状的复习题已经迎刃而解，甚至
彼此都觉得有点意犹未尽……

　　其实，大家能够坐在一起思考、讨论的时间，以及所有那

些静谧夜晚里的相互依靠,也不过只有这每天一小时而已——因为不算久,所以没有太多疲惫与抗拒;因为有足够的温存,所以请专注珍惜。

毕竟,伴随着我们大家的"说到做到",我们愿意相信:学习的时候专注高效、集中完成,恰是为了玩耍时心无旁骛、开心纯粹。

这就是我们三个人的"夜生活"。

工作日的晚上和周日下午,没有辅导班或外出安排的话,我们都会坐在一起写写、聊聊。有时姐姐完成自己的任务后会手把手教弟弟写数字,有时他们两人一起写着写着就开始"歪楼"聊天,有时还会自发讨论"每个筐里有 8 个鸡蛋,4 个筐有多少鸡蛋"到底该怎么列算式……

这时,妈妈不是在埋头苦读,就是在热切参与,还有时是在猥琐偷拍。当然偷拍很容易被发现,所以两人常常扭头看一眼镜头,再淡定地把头扭回去,专注争论。

姐姐说:"这是一道乘法题,考的是 8 × 4=32,乘法!"

弟弟说:"我不知道,我只知道 8 和 8 在一起等于 16,16 和 16 在一起等于 32。"

并没有人来找妈妈仲裁,他们在各自的认知领域愉快达成共识——反正结果都是 32！

　　作为旁观者的我，真的很高兴看见你们坦诚表达、求同存异，我的孩子们。

　　其实，相比于通常原理和方法论而言，我更愿意相信"一个孩子一个样"——尤其在有了两个外貌神似但性格迥异的孩子之后，我更坚信养育当真是一件因人、因地、因时制宜的事。

　　所以，我最欢喜的时间，就是晚餐时一起交流一点学习、工作上的趣事，让那些"不同"成为差异化的乐趣；而晚餐后我们仍可以坐在一起，在单位时间里专注投入各自的世界——每个人的爱好不同、习惯不同，但我们对于知识和彼此的尊重，是相同的。

　　因为爱，才有期待。

　　现在，我们全家人的愿望，大约就是在不久的将来，忙碌的爸爸会回到我们身边，而我们也拥有了一间宽敞的大房子。房间靠墙放着摆满书籍的书柜，而书柜前面有一张长桌。这个长桌的长度要在两米以上，要宽敞、敦实、稳固，就像《白雪公主和七个小矮人》里的那张长桌一样，可以摆放我们每个人常用的资料，甚至在长桌一端可以常年铺着毛毡和爸爸练字用的宣纸。在这张宽敞舒服的大桌子周围，我们既可以坐得宽松舒适、互不干扰，又相距不远，方便一起讨论、闲谈。桌子的中间会常年摆放一束鲜花，遇到费解的问题时我们可以盯着花瓣发会儿呆，而在我们脚边走来走去的，可能是一只昂着脖子的傲娇喵……

这是我理想的生活，是想要和你一起的、我们的未来。

阅读，是件顶"随意"的事儿

孩子，时光倥偬，父母终会离开，朋友来了会走，所有相逢都有可能只是偶遇……但丰富的灵魂是你自己的，且会终生相随。而我，我把一本书翻开在你面前，不过是因为，我希望由你自己，亲手翻开"未来"这本大书。

三年前，在那本叫作《愿你被这世界温柔相待》的书里，我曾经写过一篇文章，叫作《扉页上的期待》。我在文章里说，住小房子的我们，连一间真正的书房都没有。可是，就因为没有独立书房，反倒可以把书柜和书架遍布包括餐厅在内的所有房间。然后，每个书架的最下面两层，都摆满叮叮和咚咚的绘本、布书、识图卡片。这样，无论那两只土拨鼠走到哪里，玩累了，往地板上一坐，手边总会有一摞图画书——随意翻。

没想到的是，后来这本书热销，我常常要参加签售、讲座，互动环节总会有年轻妈妈在表达了对这篇文章的认同后，问一些关于亲子阅读的问题，比如，随意翻的到底是什么书？

是否要早点认字才能看得懂书？

　　事实上，我觉得，关于阅读，润物细无声的影响常常会胜于刻意强加的推荐，简单说就是——随意。

　　比如，内容、形式、时间、场所，统统可以很随意。

　　八个月大的时候看布书，我煞有介事地介绍过几次图形之后，发现无论是咚姐姐还是叮弟弟，在这个阶段最大的乐趣基本就是咬，索性就把布书扔给两只磨牙鼠自己看着咬吧——反正咬啊咬、吞啊吞的，腹有诗书气自华嘛。

　　十个月大的时候看识图卡片，我开始尽量选择手绘但不失真、造型色彩兼具美感、尽量装订成图书样式并具备翻书效果的识图手册，手把手教给咚咚辨认，再由咚咚教给叮叮辨认。两岁多口齿不清的老师带了个一岁左右口齿不清的学生，于是有那么一段时间里，我们家就充满师生间良好的互动——

　　"叮叮，看，这是鸭纸！你说，小鸭纸！"

　　"小——鸭——纸！"

　　再大一点能看懂绘本了，我本来是按套系摆放在一起的，但书实在是太多了，那么多书每天被两只土拨鼠翻乱无数遍，上了一天班回家，我实在没有多余的力气日复一日地归类，索性除了十分明显的套系书外，其他就混杂着放在书架上、爬爬垫上，想抽哪本就抽哪本——人生嘛，随缘，随缘！

　　一直也都没教咚咚认字，只是想着若她能在图画与想象的世界里多徜徉一阵子，该多好！所以直到咚姑娘六岁前，她都不认识几个字，却愿意和我一起寻找那些图画里不一样的地方，比如有粗颗粒油画的大熊、有艳丽水彩的天使、有版画纹理的狐狸、有童趣蜡笔的猫咪；自然，也有明亮阳光下的森林、有青色水墨的山河、有忽明忽暗的生死边界、有大片留白的边角人物；也可以耐心地带上平日里吵吵闹闹的弟弟一起寻找隐藏在繁复图画里的一只小羊、繁忙机场里的某个人物……渐渐地，他们坐得住、谈得出，更能看见许多成年人眼睛里看不见的细节与美好。到这时，我想，哪怕此时他们还记不住不同绘画样式的名字，哪怕他们的理解总是和原内容之间没有半毛钱关系，但不要紧，只要站在"美"的世界里，往哪边走，都随意。

　　可是，我的咚姑娘，在六岁这一年，还是拦不住地通过随口问我、听老师讲解或是联系上下文胡蒙乱猜的方式，认识了很多字。到我发现时，她已经拿着一本小学生《脑筋急转弯》看得津津有味，并背下了附录页里所有的答案。她开始和隔壁楼上读小学的哥哥们一起看小学生流行的漫画，邻家哥哥的妈妈很担忧地问我："我儿子看的那些书我都恨不得把它们全扔掉，一点思想意义都没有，画风也不见得多好，你不怕带坏你女儿？"我特别心大地宽慰她——没事没事，你总要允许她读一点看上去不那么"高大上"的书，因为那是他们的流行文化，是他们社交圈子里的通行证。反正，他们身边还有足够多美的人、美的事、美的书，所以，偶尔一些通俗风趣，大可随意。

还有半句忘说了——只要他们在日复一日的陪伴中，渐渐发现父母的推荐是诚意满满的而且有可取之处，也确实是符合他们接受能力的、不急不躁的好书，那么终有一天，他们会有属于自己的审美，且这份审美标准也未必离你的世界太远。

再后来，当叮叮小朋友三岁，能随着我和咚咚一起越走越远，能一起观察、倾听、尊重公共秩序，阅读这事儿就更随意了。

比如，去公园里玩，玩累了，但天色还早不急着回家，刚好附近是图书馆，那就去儿童阅览室看看书吧。叮叮和咚咚都用自己的身份证办了借阅卡，只是叮叮身高不够，刷卡主要由咚咚操作。至于我，是字典、是机器使用说明书、是搬书的苦力，偶尔也是推荐图书的人工智能豆瓣小组。

或者去逛商场，逛累了就到楼下独立书店坐一坐。一壶茶、一份小点心，一段午后安静的休憩时光。我安安静静地看一本历史书，咚咚看一本很厚的故事书，叮叮翻一本恐龙书。偶尔我给两人倒杯茶，两人会煞有介事地品品。叮叮看高兴了喊声"姐姐"，咚咚会做个噤声的手势："嘘，叮叮，小声点。"

以及旅行。走之前总会带一本要么和目的地有关、要么和沿途风景有关的书。路上，书籍就像一幅拼图，每当有相仿的景物走过，我们就可以拼上其中小小的一块。或许此生都不可能拼齐旅途中每一块风景的记忆，但带有期待的偶遇，是骤然相逢的倍加惊喜。

……

是的，许多时候，我们的阅读更像是随兴所至，那些满是大孩子的阅览室、文艺范儿的独立书店、邮轮的甲板，或是在机舱、火车上，我们要的是阅读，也是气氛——我想让你知道，读书是随时随地的心情。

当然，主讲人也可以很随意。

我给咚咚读绘本，时间充足的时候就声情并茂，急着睡觉的时候就提纲挈领。后来发现睡前读故事的后果是越听越精神，索性就关上灯，用手机里的电台软件听故事，边听边培养睡意。按规定，晚上八点半前上床，可以听三个故事；九点前上床，可以听两个故事；九点半前上床，可以听一个故事。时间久了，令行禁止，关上手机最多十分钟，两个习惯了作息的"宠物"会发出均匀的呼吸声。

而咚咚给叮叮讲故事，小时候是特别笃定的胡编乱造，大一点是照本宣科，但请始终保持热烈掌声、不断赞叹、必要时还得配合表演……时间久了，叮叮小朋友看姐姐的目光常含仰慕，逮谁跟谁介绍："她是我姐姐，我姐姐是××小学二年级的学生！我姐姐知道的可多了！"

也会去参加形形色色的作家分享会——听听故事背后的故事，或是拿起画笔和插画家一起描绘书里的世界，那是一种有趣的体验，因为我们或许会看到本来没看到的细节、了解本来不了解的背景，甚至捕捉到一个因为恍悟而产生共鸣的自己。

……

到现在，阅读对我们来说，不是刻意的仪式，也不是睡前的安抚，它只是一种需求——就像不喝水会渴、不吃饭会饿一样，不阅读心里会空。

到这时，叮叮的恐龙、机器人、小颗粒积木就在那里，咚咚的水彩笔、小印章、纸黏土也在那里，它们都是童年里不可或缺的宝贝和伙伴，但从来无法替代书籍的意义与地位——因为每种玩具都会随着年龄的变化而遭到淘汰，但书籍，它从未离开，它是"存在"。

我印象中的"存在"，是我从小到大，每年生日礼物里都会有一本书的惯性，是父母出差时都会觅回几本书的惊喜——尽管十四岁那年，我爸在我生日前夕出差去一个小城，那里小得连个新华书店都没找到，只找到了一个旧书摊，他拜托摊主帮忙挑选，最后给我带回一本《绿山墙的安妮》。

幸好，在我爸离开这个世界之前，某次聊天时，我来得及告诉他，那本加拿大作者撰写的儿童文学作品，曾在我敏感、脆弱的年纪里，给了我怎样的鼓励。

我一直想成为安妮那样的女孩子：虽然不漂亮，但坚定而有韧劲，她看得清自己的方向，愿意为此拼搏努力，后来她真的一天比一天丰富，并因此焕发夺目的光彩，而曾经欺负过她的男孩子也开始敬佩于她的蜕变，友好而倾慕地想要站到她身边。

"想要遇到更好的爱，首先要成为更好的自己"——这样的道理，父母老师或许说过千遍万遍，但都不及我们沉浸在文艺作品中时，自己心甘情愿的认同。

读好书，真的可以改变一个人命运的轨迹，因为更加开阔的视野可以让我们看见一个更朴素、真诚的自己和若干更辩证、客观的可能。

而这也是我坚持用书籍作为给叮叮和咚咚礼物的原因。直到有一天，他们觉得"生日礼物里一定要有书"才是合理逻辑，甚至提醒我不要忘记挑书……

阅读，就这样渐渐变成他们生命中至关重要的一部分。

而此后的日子里，我也不得不承认，本来只是为了开阔眼界而坚持下来的阅读还带来了最意想不到的好处：逢考试、抽测，无论是语文的字词听写、看图写话，还是数学的应用题、卷子末尾的智慧题……并不是多聪明的咚姑娘却极少因为看不懂题而出错。

其实，对于一个上课认真听讲的孩子而言，如果有了良好的语言理解力，再辅以低年级阶段父母及时陪伴的查漏补缺，准确率都会大大提高。当然，总有一天，今天磕磕绊绊的孩子们也会看懂所有题目，其中相当一部分人会爆发出惊人的加速度，后进变先进。可是，在"幼升小"的过渡阶段里，那些自信心的确立、那些课堂上与课堂外求知欲的激发、那些写作业过程中免去父母怒吼的恩赐……若能早点到来，有什么不好？

　　更何况，伴随孩子们对阅读的沉迷，我渐渐只需要负担"荐读者"的角色——我筛选书籍、推荐书籍、偶尔参与讨论书籍……而更多时候，我们三人对坐，各看各书。

　　孩子们长大了，不会再给我布置"每日一讲"的任务，于是我才可以有时间看自己想看的书，而他们坐在我身边，看他们想看的书。我们彼此的专注与投入，想必，就是对阅读最大的尊重。

　　显然，所有的"随意"里，其实都包含着父母对图书的筛选、从相伴到放手的过渡，以及许多看上去随意但其实在意的小心思。但，阅读的路那么长，眼前容易让人抓狂的求学阶段不过是被动学习的开始，未来的主动阅读与主动学习才是奠定个人趣味的基础。在学会选择之前，先让他们随意地、试探地去接触更多的未知，在高兴的时候和高兴的人一起，以高兴的方式读让自己高兴的书——倘若能真的爱上阅读这件事儿，那想必就是传说中最自然而然的"养成"了吧？

　　对所有人来说，父母终会离开，朋友来了会走，所有相逢都有可能只是偶遇……但丰富的灵魂是自己的，且会终生相随。

当我们把一本书翻开在孩子们面前，不过是因为，我们希望由他们自己亲手翻开"未来"这本大书。

毕竟，如果说"行万里路"可以让一个人学会如何与更多人交谈，那么"读万卷书"则教会我们如何与自己对话——在快乐时、忧伤时、压抑时、愤怒时，总有一个它，能让我们觉得不孤独。

愿每一个爱书的孩子，此生丰沛，不疾不徐。

相比做学霸，更盼你先懂得玩耍

相比做学霸，我更希望你们能先从玩耍中获取学习的乐趣与动力。因为，那是活生生的世界，而不仅是书本里的平面道理。也是你们，活色生香的未来。

很长一段时间里，我都觉得：阅读，是世界上最有趣的游戏。

比如最基本的分角色朗读，在我们家，一度是带有浮夸表演性质的。

有这么一场戏，肤白貌美的白雪公主笑呵呵地准备出逃，恶毒的皇后伸开双臂，抖动自己臆想中宽大的袖子，中气十足地喊："魔镜魔镜告诉我，谁是世界上最漂亮的女人啊？"

旁边不到三岁的矮小魔镜笑得哆嗦，声音无比温柔："是你呀。"

"不对！"皇后纠正魔镜，"下次我再问你的时候，你要说得专业点，应该是'是您，我的皇后陛下'！"

"太长了，我会忘记的。"魔镜抱怨。

皇后撇撇嘴，转头看看拿着道具的白雪公主："哎，公主，把你手里的苹果给我咬一口啊！"

白雪公主笑呵呵地递过来，皇后专心致志吃"毒"苹果去了。

谁也没料到半个月后，某天，皇后对着镜子化妆，涂完大名鼎鼎的 YSL 正红色 1 号口红后一转身，看见身后站着一个矮小的魔镜，正在好奇地看皇后化妆。皇后顿时戏精附体，伸开胳膊喊："魔镜魔镜告诉我，谁是世界上最漂亮的女人啊？"

"是您！我的皇后陛下！"魔镜迅速挺起胸脯，爆发出巨大的吼声！

哈哈哈哈哈……皇后笑喷了……

下一步的理想是等到叮叮也认识很多字之后，我们一家人可以在空闲时一起分角色朗读——可能是课文，也可能是一首偶然发现的、优美的散文诗，还可能是姐姐和妈妈各自原创的"剧本"……

如果说阅读赋予我们知识，那么朗诵则让我们能够进一步体会到语言的韵律之美。那不一定是正襟危坐的字斟句酌，它同样可以是闲适自在的、信马由缰的、妙趣横生的。

　　而渐渐地，随着我们生活阅历的丰富、随着知识积累的增加，在每一次声情并茂的揣摩里，我们不仅能看到语言的优美，也能感受到语言的合理——只有读出来才知道，某些看上去合适的台词，到底是否会出现在普通人真实的生活情境中？而饱含这样情绪的话语背后，又有着怎样的故事与纠葛？

　　想象，是插了翅膀的推理。

　　当然，表演也有后遗症。比如，从此以后，这三个人聚到一起就自动戏精附体，有时候恶毒皇后忙着做饭、写作，白雪公主和魔镜会自动躲进一间卧室，关上门，改编故事并用整整一下午的时间来表演。

　　渐渐地，他们甚至开始制作属于自己的漫画绘本甚至立体翻翻书，内容有魔镜喜欢的科学探索类，也有白雪公主喜欢的故事类——他们剪裁自制书的封面、环衬，撰写内文并配简笔画作为插图。他们创办了一个"叮咚出版社"，所有自制图书的封面都写着"咚咚著""叮叮绘"，封底有一句话故事梗概和条形码、定价……细节齐备得让与出版打了近二十年交道的我叹为观止。

　　他们还开始了对自编教材的探索性授课——姐姐把小学一年级学到的一部分知识写在自己编撰的"教材"里，用墙上贴着的软白板做板书进行授课；而弟弟就端坐在一米开外的小板凳上，跟着姐姐学"7能分成1和6，7能分成2和5"……后来妈妈买来有磁力的田字格贴在软白板上，姐姐兴高采烈又加入了书法课，于是这种"语文+数学"的课程他们能旁若无人教学一整晚。而妈妈，只要经常予以赞赏，偶尔给予建议，必要时共同探讨，就好了。

所以，我更要感谢，他们因为个人世界的逐渐丰富，而赋予我更多自由的个人空间。

谢谢他们拥有彼此，才有了更多在"过家家"中体悟世界的可能。

说到过家家，请一定不要看不起它，因为所有能坚持相当长久的玩耍，都有可能奠定一个人成长的方向。

比如我和我表妹。

小时候，我俩最喜欢玩的游戏，就是过家家——不是谁演爸爸、谁演妈妈的那种，而是用无数块积木，在桌上拼出一间卧室、一间餐厅、一间客厅，一块积木作为这套房子的入户门，推开，外面搭一间小吃店，不远处有个学校，里面用小块积木拼了桌椅……我和表妹每人手里攥几个长得很有"多立克柱式"风格的白色柱状积木作为爸爸、妈妈、儿子、儿子的同学、儿子的老师，在挪动柱状积木走来走去的过程里编出无数饱含鸡毛蒜皮与家族积怨的故事。

彼时，逢节假日聚在一起，这就是我俩最开心的游戏，我们甚至可以躲在房间里手拿积木念叨一整天的故事都不腻。路过的姑姑、姑父、表哥们看到了，都觉得我俩甚是幼稚。但整个家族默认一个真理——那堆越来越破旧的积木是两个孩子的宝贝，谁都别给弄丢了！

于是，这个天马行空的积木扮演游戏，就在大家深觉诡异又集体纵容的环境里，被我俩从七岁玩到了十三岁。

十年后，我们大学毕业，我成为小说作者，表妹成为职业编剧。

搬家次数太多，那些老旧的积木已经找不到了。但我总觉得，那时候我俩在大人眼里的"胡编乱造"，就是我们掌握故事架构的缘起。

当然，在我们的生活中，还有那么多本来就具有益智功能的玩具，天生就是用来"寓教于乐"的。

比如积木这种东西，既有兼具培养美感和空间结构能力的彩虹积木，也有起步于拼插直到无所不能地拼出一切事物的乐高；Plan Toys 家有个漂亮的木质仙人掌，不仅能培养平衡意识，还能当作家居装饰品；Fischer Tip 家的"粘粘乐"简直就是爆米花游戏，黏得一坨一坨，各凭想象（不要问我如何打扫战场的问题，当过妈的人下岗了谁还干不了个保洁啊，捂脸）……

万变不离其宗，所有那些学龄前打开的脑洞，除了对审美观念的熏陶养成，或许也会影响到那个小小人儿对科学的感知。他渐渐长大，仍然会很调皮，却也在游戏中渐渐变得耐心细致——他不再满足于简单的、随意的拼插，而是喜欢看说明书，喜欢坐在地毯上，手里拿着螺丝刀和扳手，专心致志于金属拼插玩具的组装。渐渐地，在对砖头水泥玩具的堆砌里、在齿轮玩具的转动里，他了解了杠杆、滑轮、力臂都有怎样的作用，还在对玩具显微镜的使用中第一次看见了什么是细胞膜、细胞核……

再大一些，上了小学的知识分子就是不一样——咚咚姐姐喜欢上了数独，为了方便玩耍，妈妈买来数独棋盘，逢周末的晚上母女俩攥着一堆木头块推理得很开心；记忆棋比拼的是对色彩和位置的记忆力，加上叮叮弟弟一起玩，然而每次输的都是妈妈；还有"大富翁"游戏，买房子买地，投资回报算比率；空间思维拼板，成年人觉得拼的是五颜六色的图案，其实小朋友脑海中越来越清晰的是平面几何图形与遮挡图案后的推导复原；以及"四面翻牌"游戏，它有无数玩法，最初是投掷骰子后用加减法拼数，等咚咚姐姐上二年级后我们又加入乘除法……所有玩耍其实都是有技巧的，而这个总结技巧、实践技巧的过程，既是推理能力与观察能力提升的过程，也是专注力培养的巧妙实现。

更重要的是，它让孩子们知道，在勤奋学习的基础上，倘若能寻找到适合自己的有效学习方法，那才真是事半功倍。

所以，作为一个妈妈，我最开心的评价，来自叮叮和咚咚一致认为的"我妈妈是我们家最会玩的人"——我想，这一定是对我"认真学习"的最佳褒奖。

因为学与玩，从来就不分家。

就像学习玩耍的前半截路程上，妈妈和娃娃，也一直在一起。

一起玩、一起笑，一起钻研新的、更有趣的玩法——说到这里，我必须得讲讲一位志同道合的好友，她善于就地取材，比如把过期牛奶倒在盆里，让小朋友滴入各色颜料，一边观察颜色扩散的花纹，一边感受"溶解"的意义，捎带还用小棒划来划去，自己创作牛奶颜料图谱。那可真是……炫极了！

看吧，最好的玩具，在生活里。

玩具的道理，也在生活里。

以上，多是室内。而室外，我想，那是一个更为庞大的游玩体系——出门前的策划、对各种资源的调度，有时候常常关系到游玩本身的乐趣和价值是否能被发挥到最大。

比如，那些旅行前的功课与查阅，那些过程中的惊讶与思考，那些归来后的总结与书写——我看着七岁的咚姑娘在旅途中给海洋生物的讲解牌拍照，兴奋地告诉我"小蓝企鹅果然是全世界最小的企鹅"；或是在飞机上，当光线穿越窗户照到她面前时，她掏出随身带的小本子，写下"灰色的小桌板披了一层光纱"……

再比如，他们渐渐学会取舍——当游玩时间有限，总有一些项目无暇体验时，他们会自己查找主题公园内的地图，确定还有哪些部分没有游玩，在了解各部分特征后，快速确定舍弃哪些、选择哪些，以及如何设计路线才能省时、省力。他们会安慰自己"旅途总要留点遗憾，才能下次再来"……除了知识，一定还有一些果断、坚韧、不辞辛苦的品质，是我们在玩的路上学会的。

未来，我希望这两个跟我一起披肝沥胆玩大的孩子，能从玩的乐趣中引发对这世界的好奇，又在探索解答好奇的过程中，尽享钻研的乐趣。当观察、思考、积累渐渐成为他们生活中的本能，他们会打开敏锐的触角，在第一时间内挖掘到好玩的地方、勇于结识好玩的人、钻研"好玩"之所以好玩的奥秘，甚至为这个世界献上好玩的作品。

不要觉得不可能，毕竟，每个人都是这世界上、自己生活范围内的创作者与发明家。

所以，我的咚咚和叮叮，妈妈说真心话——作为一名大学教师，妈妈深知一流大学的资源优势，当然希望你们能够在那样的空间里逐渐打开思考的翅膀，去更大的平台上施展抱负。但现在，你们才刚踏上求学这条路，所以在学习过程中，我们跟上课堂进度、定期查漏补缺就好，也不怕犯错，但尽量不要重复犯错。妈妈对你们在小学阶段校园学习中的期待，就是能够坦然对待成功与失败，享受知识增长所带来的成就感，但不要成为分数，尤其是满分的奴隶。在课堂学习之外，我们要超前学习的，不是下学期的课程，而是这偌大世界的奇妙。比如：小学生也可以在游戏中靠拢中学物理才会出现的电源正负极、运动加速度、杠杆原理；柠檬汁可以去除茶垢、小苏打能发泡；站在风景面前不仅会感叹"好美"，还能想起那句从课外书上看来的"落霞与孤鹜齐飞，秋水共长天一色"……

相比做学霸，我更希望你们能先从玩耍中获取学习的乐趣与动力。

因为，那是活生生的世界，而不仅是书本里的平面道理。

也是你们，活色生香的未来。

有纰漏不怕，妈妈一定有办法

今天的"妈妈一定有办法"，最终是为了教你坚信"我自己一定有办法"！因为妈妈今天的陪伴，不过是为了给刚刚进入学校的你以安全感，但能够迎接这个世界的，始终是你自己。这一路上的"授人以鱼不如授人以渔"，才是现实。

今天，偶然看到腾讯新闻的一篇文章，题为《学霸父母学渣娃组合：北大双硕士，俩儿子轮流坐庄倒数一二》，留言区一片啼笑皆非，有网友跟帖表示"博士毕业的我刚拿到倒数第一的试卷，我觉得全新的人生即将开始"……

看到这里的时候我也想笑来着，但不知为什么，我竟然笑不出来。

我想，一定是因为屋子里的音响在循环播放一首歌的缘故——那是《你好，旧时光》的主题曲《遥远的歌》：人生总有些些遗憾那就随它去 / 短暂的阳光也一样温暖了心灵 / 总有些时光值得怀念却回不去……

当然，这是一部描写学霸爱情的网剧，但这首歌的旋律，不知为什么，带有浓重的氛围感，一下子把我带回二十几年前——那些与学业为敌的旧时光里，我因为偏科严重也算是半个学渣少女；风吹过教室里淡蓝的窗帘，能看到我站在后排罚站时淡漠的脸；秋天的叶子落了金黄的一层，我被叫到讲台上做题却什么都不会；一叠叠的卷子被揉成一团又一团，可是直到高考结束，我连把它们撕成碎片的勇气都没有……

十九岁之前，我在那种叫作"学业"的东西面前，一败涂地！

所以，我大约可以明白，为什么听着这么优美的一首歌，看着似乎好笑的新闻和家长们刷屏一样的段子，而我……竟然看哭了。

在很长的一段时间里，我并不相信智商这种东西会遗传。

因为，倘若智商可以遗传，我有学工科的父母，我妈整个大学时代都是高数、大物双百分，为什么我高中数学和物理成绩加起来都不及格？

可是我知道，作为一枚尚有一些上进心的学渣，那些年我们有多辛苦——家长会上，老师会和学习好的学生家长聊天，会对纪律不好的学生家长叮咛，但你的家长就是空气；逢年过节，亲戚家的小孩与你年纪相仿，总有人问你考了第几名，你嗫嚅着说"我数学不太好，英语也一般"，旁边是你父母强颜欢笑的脸，脸上就差用一号加粗黑体字写上"你有哪门功课好吗？你明明哪门都不好"……

那些年，你没做过学渣就无法体会这样的绝望——卷子上所有的字母和汉字，甚至符号你都认识，但组合在一起，你就死活算不出来为什么那么长一串"+""-""∑"摆在一起最后竟然等于0？！你爸妈实在看不过去了，给你请了辅导老师。每天午睡时间你打着哈欠去听辅导，但一个月过去，你的数学从 70 分变成 60 分，而满分是 150……

直到我看见《学霸父母学渣娃组合》的留言里，有家长吐血记录：

女儿刚上一年级，老婆教她写作业，十以内加法二加二等于几，女儿一直不会，老婆苦口婆心说了大半天，问："懂了没？"女儿点点头："懂了，妈妈！"老婆问："二加三等于几？"女儿伸出手一直不说话，眼泪汪汪看着她妈。老婆问："你是不是没懂？"女儿哇的一声就哭了："妈妈我骗你了，我一点也没懂，太难了……"

写到这里，这位父亲自己也笑道："哈哈哈，这就是我这个天才'程序猿'的女儿。"

我是个废物，我又看红了眼圈。

拜这位父亲细腻的描写所赐，我好像能感受到这个一年级小女孩的绝望。虽然我在小学阶段因为遇到了一位超赞的老师，甚至还被选拔参加过数学奥赛培训，但毕竟也体会过中学阶段学渣的苦楚，所以我知道，面对永远看不懂也做不出来的题目，绝望的情绪都是一样的。

哪怕多年后我一直觉得自己因为见识不足而片面地讨厌一个老师，甚至因此讨厌一门学科的行为实在是愚不可及，但那时年纪小，父母工作忙，没有人会注意到一个小女孩的抑郁。到了高中阶段，我幡然醒悟，开始孤注一掷地拿出很多时间去啃数学卷子，可是不会就是不会！你就算掐死我，我也仍旧不会！就是死活看不懂！！脑子里属于这类题目的那根脉络是堵塞的！！

那时我才知道，原来学习这种事，真是一步错，步步错。

所以，经历了十八岁以前的学渣阶段，再对比后来大学七年的学霸经历，我渐渐意识到：滋养学霸的，除了勤奋，还有求知的兴趣与被肯定的鼓励，以及随时查漏补缺的坚持；导致成为学渣的，除了懒惰，还有希望的破灭、乐趣的丧失，以及对漏洞的不闻不问。

我不希望我的孩子们走我的老路。

哪怕他们未来仍然会遇到各式各样的障碍和困难，但属于我能预料到的部分，我想努力有所弥补。

当然，这也不是一件容易的事，因为无论是孩童专注力的培养，还是逻辑思考能力的提高，再或者在互相陪伴的日子里把准他们情绪的脉搏以便适时变通……这些，都绝非一日之功。

那可能，是从婴儿期开始投入的关注；是从一岁多开始的阅读；是从两三岁起一起探求未知世界；是从四岁起一同用有趣的小粘贴玩耍出"数与图形"的意义；是从五岁起一同尝试静坐思考，写写画画做手工；是从六岁起开始玩教具、讲故事，也不乏嘻嘻哈哈的互动练习……在长达六年的时间里，这就是我们娘仨满满当当的"夜生活"。当然，这也可以解释，为什么在长达六年的时间里，我并没有机会凝神静气写任何一部长篇小说。

或许，也正是因为看得到他们的成长、进步，甚至不乏专属于孩童的聪慧，所以我确定他们并不笨。假使他们跟不上，那也只是因为他们还不适应这陌生的信息或节奏。我无数次悄悄设想：如果是我，我现在七岁，我刚上学，我刚开始试着写作业，我记不住那些曲里拐弯的拼音字母，我从没做过"卷子"这种东西，我第一次做应用题，我不会写作文，我从没系统组织过大段的语言，我不了解段落之间的逻辑……面对那种铺天盖地的挫败与绝望，我还可以做什么？对这样的我来说，最容易接受的知识或方法，是什么？

设身处地，这是我能为他们做的第一件事。

但好在，这两个我一手带大的孩子，我熟悉他们每一个眼神或每一次迟疑的含义，我知道他们大致的知识水平和理解速度，我了解他们的词汇量和阅读能力，当然，也深知他们的性格弱点与优势所在。

比如，这个叫作咚咚的小姑娘，她对新鲜事物充满好奇，可是却无比讨厌拼音，因为怎么学都记不住，默写常常丢掉"ye""yue""yuan"中的一个或几个，"b""p""q"乱成一团；她不喜欢口算，因为翻来覆去的计算看上去很无趣、很机械；她不喜欢上课举手回答问题，偶尔被老师提问，声音小得像蚊子叫；她也不愿意学英语，因为英语口语的录音作业戳中她不喜欢张口的死穴……她曾经因为这些而崩溃得大叫，甚至号啕大哭，也曾绝望地表示不想上学，因为第二天要考拼音默写！

那么好吧，我打印了整张字母表贴在她床对面的衣柜上，和她商量尽量每天起床穿衣服时随便看几眼，背不下来没关系，只要能混个眼熟就可以；我答应等她背完拼音字母表就把我的上网本送给她，便于她创作故事，但 Word 文档里只有一个拼音输入法；我每周一次陪她朗读优美的文章并录音配乐，偶尔也发在公众号里分享给大家，然后给她看看反馈；我们出国旅游，在旅馆里用英语帮一位找不到眼镜的老爷爷跟服务员交涉，在餐厅里用英语多讨一个冰淇淋勺，或是鼓励她自己去点一杯果汁；还下载了好玩的口算批改 App，做完了自己用妈妈的手机扫一扫就可以自动批改，过程很神奇……

渐渐地，她通过打字越来越熟悉拼音；因为录节目被听众鼓励，她开始敢于略大声说话；她逐渐意识到国际通用语言的实用性，不再抗拒英语对话练习；因为觉得口算 App 好玩而每天坚持自己计时口算、自己批改，甚至把这个软件推荐给即将"幼升小"的弟弟，乐此不疲地带着弟弟做 10 以内加减法……

变通转圜，是我能为她做的第二件事。

其实，我真是很同情这些孩子——小小孩童，这一踏入校门，至少要写十二年作业，一步步走上去，步步都是厮杀，迎接他们的，只会是越来越多的考试和越来越少的假期。

最要命的是，周围的同学还个个身怀绝技：同一个班里，有机器人大赛的冠军，也有国际象棋"大师级"选手，还有人七岁就把硬笔书法作品写得活像一张字帖，更别提那些每次抽查都是满分的"天才少年"……跟他们相比，我的咚咚真是平凡到尘土里。

但是，这有什么关系呢？

我们随时关注，随时查漏补缺。写作业时书法不够漂亮，我们就一起分析楷书运笔、字体架构；没做过卷子不了解题型，我们就拆散卷子每天做两题，既不累又好玩；口算准确率变低了，那就先从数字拆分开始复习……

渐渐地，她的铅笔书法进步很大，陆续得过几个不知道含金量几何的奖项；她的成绩几次大考都是满分，口算速度飞快；平日里也会犯错，但每错一道题她会给自己出三道类似的题目仿练，做完了再来找我检查签字……

人人都赞叹说这个姑娘真是个学霸，一定继承了爸爸的学霸体质。但只有我们自己知道，我们无往不利的神器，是一句叫作"妈妈一定有办法"的咒语。

这句因信任而生的咒语，才是我能为你做的最重要的一件事。

是的，妈妈一定有办法！

因为，妈妈曾经是一枚学渣啊！

妈妈看着手足无措的女儿，仿佛能看见当年那个大脑一片空白的自己——不是不学，是真不会！那么，往前倒推，推到哪里能够理解，我们就从哪里一点点交流讨论，一点点补起！

最无力的时候，我看着她的眼睛，看她因为沮丧而含了满眼的泪，一字一顿地告诉她："咚咚，你要相信，妈妈一定有办法！你只要配合妈妈，没有我们搞不懂的问题，没有我们克服不了的困难！因为，你已经比妈妈小时候优秀太多了，你知道吗？"

她注视我良久，终于在眼泪落下的瞬间，缓缓点头。

是这样的，我的小姑娘——未来路长，学习艰辛，用不了多久妈妈就无法帮助你克服困难，而孤军奋战的你偏偏和爸爸妈妈一样只是智商平常。但幸运的是，你的爸爸拥有令人惊讶的毅力、坚韧和勤奋，你的妈妈拥有足够大的脑洞和快速变通的反应力，只要我们肯花时间，至少可以陪你找到更适合你的学习方法。

简单说就是，今天的"妈妈一定有办法"，最终是为了教你坚信"我自己一定有办法"！

因为妈妈今天的陪伴，不过是为了给刚刚进入学校的你以安全感，但能够迎接这个世界的，始终是你自己。这一路上的"授人以鱼不如授人以渔"，才是现实。

未来的学习会越来越辛苦，或许你无法成为一个始终如一的学霸，或许到了初中阶段也会成绩下滑，但只要你仍然像今天这样沉稳、专注、乐于接受他人的建议，能够逐步学会主动思考与客观自省，你就是一个让妈妈敬佩的好姑娘！

而这样的姑娘，再差也差不到哪里去。

所以，要谢谢记忆中那些做过学渣的旧时光，让我不急不躁，让我常有惊喜。

毕竟，人这一辈子，道阻且长。

无论曾做过学霸还是学渣，这一生里，只要坚持学习的态度在，我的孩子，你明了你自己的幸福就好。

而到了那时，我知，那便是时间予我最大的回报。

PART 3

在相互陪伴里，找寻沟通之道

没有什么能阻挡，我同你一起看世界

今天，我拉着你们的手去看世界，是为了有一天我可以站在你们身后，放心地看你们背上行囊，自己去远方！

2016 年春节过后不久，似乎是突然有一天，我开始意识到，我的女儿咚咚，她快要上学了。

她很快就要变成一个小学生，背着大大的书包，每天按部就班地上课、写作业、参加课后的兴趣班，有寒暑假——却也只有寒暑假。

我有些许发呆。

首先想到的竟然是：学龄前的自由时光、错时出游的轻松闲适，就要开始远离我的咚姑娘了吗？

各——种——不——舍——得——

当时已经是晚上十点半，两头小怪兽已经在我旁边睡得神魂颠倒。我连一分钟都没耽误，飞快打开床头灯，找手机，登录旅游网站 App，搜关键词——邮轮。

是的，在你们上学之前，我的咚咚和叮叮，我要抓紧一切时间，带你们看世界！

至于为什么会选择邮轮项目，嗯，这个，原因很简单：第一，旅行节奏慢，适合学龄前小朋友，尤其适合娘仨"一拖二"组合；第二，虽然每年有很多时间都在妈妈家乡的海边挖沙子，但叮和咚还从没有置身于大海中间，真正感受过"大海啊全是水"的奇妙意境；第三，据攻略介绍，船上天天吃自助餐，天天开着免税店卖东西，天天有唱歌跳舞的演出——毫无疑问，自助餐是叮叮和咚咚的追求，买买买是妈妈的追求，看演出是我们共同的追求！

然后就是选航线、班次，这个也不用多犹豫，拣妈妈没课的日子，哪个船档期合适就坐哪个。只是有几个简单要求：第一，船员最好是说英语的比较多，因为想让学了半年英语但一直都是三天打鱼两天晒网的两个小朋友能深刻感受到学好英语对于外出旅游的重要性！第二，必须阳台房！理由更简单，因为妈妈是"外貌协会"的啊，坐在屋里看不见大海肯定不行，能看见大海却不能坐在海浪边上"浪一浪"更不行啊！

综上考虑，上海码头，五天四夜，途经日本的某意大利邮轮"雀屏中选"！排除内舱房、海景房，阳台房入选！又因为网上订船票能便宜些许，某网站入选！

然，我这里还没下订单呢，仅仅是在小范围内公开这个打算后，围观人群集体表达了他们的震惊。

我妈说："你一个人带两个孩子出国？太不安全了！"

我先生说："海上电话手表没信号？那你一个人带俩行吗？丢了怎么办！"

我爸没抢上电话，没法表达他的担忧，但据我妈说，从我们铁了心要出发那天起，他天天念叨，一直念叨到我们下了船，再次踏上中国的土地。

以及最狠的还是我同学："邮轮？'泰坦尼克'号？你今年可是本命年啊，要慎重啊！"

经鉴定，以上果然都是亲爹、亲妈、亲老公和亲同学。

但是怎么说呢……其实，我对我们的团队是有信心的。

没错，团队。

我，咚咚，叮叮，我们是一个精诚团结的 team（团队），是一个有着超强行动力的战斗集体！

战斗集体的最初，只有两个人，我和咚咚。那时，叮叮还是个不到一岁的奶娃娃，哺乳期，我没法出远门，就带不到三岁的咚咚跑跑北京、天津这样的短途城市，两天内往返，也不算多，一年里逛了三四次（具体攻略参见《愿你被这世界温柔相待》）。后来叮叮断奶了，我和咚姑娘以为好日子终于来到，结果眼见着别人家的小朋友都开始坐飞机去冲绳看海豚，我们家的少爷坐车超过一千米就开始吐。偶尔我安排大家去临近的城市泡温泉吧，一小时的路，沿途服务区休息两回，他还能吐至少一次，并哀号全程。

但我们不畏艰险——这期间，我们没事儿就把叮叮放在儿童游乐场的旋转椰子树上训练转圈；买了防晕车贴、带足水果、零食，自驾车回470公里外的姥姥家，沿途坚持和暴躁小朋友交谈、安抚，直到叮少爷能够适应的路程越来越长……终于等到叮叮三岁多，晕车不再那么厉害，娘仨开始有机会一起去鸟岛看万鸟齐飞，或者去不远处的孔子家乡感受一下肃穆，还有大运河边的台儿庄古城里，咚咚在客栈的曲水亭边跳格子。

所以一度觉得我们家的男人都是用来拖后腿的——除了不是晕车就是晕机的儿子，还有365天全年无休的爸爸。在我们竭尽所能的中短途旅游计划中，妈妈规划线路，妈妈订票、订餐、订旅馆，妈妈带叮叮和咚咚收拾行李启程出发，妈妈沿途招呼叮叮和咚咚在火车上的玩耍或平息他们之间偶尔的争吵，妈妈与叮叮、咚咚逛来逛去吃吃喝喝，妈妈和叮叮、咚咚合影都用自拍杆，妈妈带叮叮和咚咚返程下了火车上公交车，妈妈和咚咚各自拖着自己的行李箱、身后跟着小尾巴叮叮一路从公交车站走回家……

渐渐地，我们的 team 就被现实训练得生动活泼：从济南市区及郊区巡游，到省内其他城市 2～3 日观光，再到京沪高铁沿线游玩，哪怕是这次需要出境的邮轮之旅，只需要给我们 30 分钟，我们娘仨就能把旅途所需换洗衣服、随身物品、应急药物等塞进一个 20 寸行李箱整装待发，并且沿途配合默契、秩序基本良好。

再比如，还有不知道费过多少唾沫、杀死多少斗智斗勇的脑细胞，才得以建立的团队纪律。

因为常常"一拖二"，那么摆在我们面前的最担忧事件 TOP1 就是——丢孩子！

毕竟一个人只有两只手，一只手拖行李箱，一只手拽孩子，如果一个孩子还好，两个怎么拽？如果两人吵架，其中一个跑掉了怎么办？最可怕是如果两个人往两个方向跑，怎么追？

关于这事儿，我们是有组织纪律的——从小，市区范围内玩耍时，都记不清我瞪了多少次眼，不顾仪态地在公共场合喊过多少回，才算是勉强让两个年龄总和不到六岁的小朋友牢记"要走在妈妈眼睛能看到的范围内""禁止快速奔跑""拉紧姐姐的手""谢谢咚咚拽紧他"……不过，要出远门的时候，这两人的口头承诺显然是不靠谱的。所以随着孩子们的年龄增长，我们先后海外代购过会"嘀嘀嘀"报警的小熊防丢器（单方面提醒，适用于三岁以内儿童），以及能够打电话的国产儿童电话手表（双向交流，适用于能拨打电话的儿童），通过事先反复强调纪律、事中紧密盯梢验证、事后严格落实奖惩的方式，日复一日，把两只一欢乐就奔跑的动物尽量聚拢在妈妈身边。

但，如果要坐邮轮出海，公海上并没有手机信号，依赖GPRS技术定位的电话手表鞭长莫及。又考虑到春天日暖，让小朋友们背个防丢背包也太热，最后索性从某宝买了两根不同颜色的"防丢绳"。结果，从我们抵达上海吴淞口国际邮轮码头那一刻起，我们就成了一道亮丽的风景线——只见，那弯弯曲曲的蛇形通道内，两只吉娃娃般敏捷、娇小的动物拽着身后的人类一路狂奔！实话说我没养过宠物狗狗，但在被拽着不得不奔跑的过程中，我突然跟那些清晨在公园里被拖着跑的狗主人有了点惺惺相惜的感受。

然而，托这两条绳子的福，这么拽啊拽的，渐渐也有了点成效：第一显然是心里特别踏实，爸妈再也不担心我弄丢孩子了；第二是我们的回头率高达300%，甚至还有老爷爷老奶奶一路跟着我们哈哈大笑看热闹，是为娱乐大众；第三是叮叮和咚咚在回头率和爷爷奶奶们的夸奖中渐渐升腾起一种奇妙的自豪感——此后只要到了人多的场合，都会伸出胳膊说"妈妈你给我们系上绳子吧"！

好欣慰——后来想，或许，我们最大的安全感，就是来自距离从近到远、时间从短到长、年龄从小到大的过程中，渐渐培养起来的彼此信任吧。

谢谢你们，我的叮叮和咚咚。

当然，在这个过程中我们也发现一些问题。比如，因为出境游次数有限，叮叮和咚咚都不习惯清关时漫长的排队时间，他们会抱怨，也会发一点还算克制的小脾气。就解决方法而言，或许我们可以多出国几次，进一步见识一下人群的力量。毕竟，旅行总会有辛苦的某刻，我们要学会遵守必要的规则。

但，总的来说，我的团队伙伴们还是很棒、很给力的。

我喜欢他们在碧海蓝天之间畅快的笑声与满脸新奇的表情，喜欢他们面对陌生食物不矫情并大口吃饭的爽快，喜欢他们渐渐敢于同外籍叔叔阿姨说"hello（你好）"，喜欢他们跟着我一步步走过劳顿之后，对于美的专注欣赏。

而他们，会更加直接而本能地表达他们的喜欢——餐厅里，我给两头小怪兽剥山竹，咚咚一瓣、叮叮一瓣，到最后几瓣时，咚咚那么喜欢吃，却还是把雪白的果肉推回来，说："妈妈，你也吃一颗吧！"叮叮点头，瞪大眼看着我，还鼓励："可甜了！"那一刻，我看着我的孩子们，觉得再甜的山竹也一定没有我此刻看他们的目光甜。

五天四夜，我们在遥远的海洋上加深了彼此的信任。

以及爱。

虽然，因为天气原因，沿途两处的登陆景点被取消了一处。我以为他们会伤心，但令我惊讶的是，这样美中不足的错过，在叮叮和咚咚心里，丝毫不妨碍他们对这场完美旅行的认定。

他们开心地玩着自己的礼物——叮叮的邮轮模型、咚咚的"和果子"拼插橡皮，或是其他。

三岁多的叮叮絮絮叨叨地跟爷爷奶奶、姥姥姥爷甚至好朋友分享："我们去坐大船了，海风特别大，把气球都吹走了，一共吹走了三个；那个酒吧叫阿波罗大酒吧，看，我们就住在这个大船的六楼；餐厅里每天都有很好吃的冰淇淋，我喜欢吃巧克力味的；有一次姐姐趴在被子里睡觉，妈妈没有看见她，以为她跑出去走丢了，妈妈吓坏了哈哈哈……"

然后要叹息："如果现在还在大船上就好了，唉，真想再去一次大船啊，唉……"

我笑，心里想：真好，你们终于一步步，克服懵懂的畏惧，对这世界充满好奇。

而我，也终于令那些关怀我们的人相信，即便没有爸爸同行，我也可以带你们出去旅行，再安然回返。跟许多小朋友相比，因为晕车、晕机以及爸爸没空等缘故，我们在旅行上的起步已经晚了。但因为咱们娘仨的自给自足、相互照应，还好，起点不算低。

所以，我现在相信，并没有什么能阻挡我们一起看世界的步伐。

比如"一拖二"的担忧，不仅可以通过各种设备得以减免，还可以通过谈得来的旅伴进一步清除——跟一个大人照顾两个孩子相比，两个大人盯紧三个孩子基本等于双保险，而多一个小旅伴氛围更热闹，也会让孩子们记忆中的欢乐加倍。

　　再比如"一拖二"的辛苦，不管是吃喝拉撒的照顾，还是平息矛盾、活跃气氛的协调，这些更多源于"领队"对"队员们"的了解——伴随"队员们"年龄渐长、一起走江湖的次数越来越多，"领队"四两拨千斤的本事就会越来越高。

　　事实上，从那次邮轮之行之后，我们的 team 就一直"在路上"了——大江南北、祖国内外，多翻翻云南的大山就克服了晕车症，广州白云机场航班延误时用行李车玩游戏也能自得其乐，在首都的寒冬里五点钟起床看升旗冻得瑟瑟发抖，还有东京迪士尼排队排到怀疑人生但咚姐随后在作文中表示"自己选择的项目再累也要排到底"！

　　走出风调雨顺的家门，能看到更广阔的天地，也势必会遇到更多波折，倘若能够懂得欣赏曲折路上的风景，那才不枉我们在这起伏婉转的路上走一遭。

　　说到底，"团队"的意义，或许就是在看世界的过程中，更加了解彼此。而组成一个"团队"的关键，是在循序渐进的磨合中，从事无巨细的关照渐渐过渡到适当放手的独立。

　　我说过的，今天，我拉着你们的手去看世界，是为了有一天我可以站在你们身后，放心地看你们背上行囊，自己去远方！

没有最爱，只有加倍爱

自从有了这两只小怪兽，我变成了比以前更敏感的人——原来，
世界上最敏感于细节的人，不是作家，是妈妈。

事情的缘起，是某个阳光晴好的午后，我在家看了部电
影《唐山大地震》。

吃晚饭的时候，我忍不住给全家人普及剧情——大地震，
一块预制板压住了两个孩子，保住女儿就要放弃儿子，保住
儿子就要放弃女儿……对母亲而言，这大约是世上最残酷的
一道选择题。剧中的母亲选择了儿子，从此，死里逃生的女
儿怀揣着满腔怨恨远走天涯，直到多年后，方才在偶遇弟弟
后决定回家，见到了背负一辈子痛苦亲情债的亲生母亲，直
到在泪水中渐渐原谅。

叮咚爸爸偶尔感喟几声，彼时不到四岁的幼儿园小班小

朋友叮叮时不时插几句嘴"老师说地震的时候要藏在屋子角落里"；而咚咚姐姐在旁边吃饭吃得十分专注，好像对这个故事完全不感兴趣一样。

直到几天后。

那是晚上睡觉前。是突然地，已经开始独立睡觉的咚姑娘从她的房间跑到我屋里来，跳上床，磨磨蹭蹭钻进我怀里，犹豫着说："妈妈，我问你个问题可以吗？"

"可以啊。"我放下手头的书，把她圈在怀里，再顺手把跟在她身后的小尾巴叮叮也拖进被窝里来。

"妈妈，我想问……如果地震了，你只能救一个小孩的话，我和叮叮，你救谁？"小女孩眨着大眼睛看着我，而我从听到这个命题的刹那，整个人就惊呆了。

我在小女孩目不转睛的注视中咽了口唾沫："我一起救，两个都救。"

"不可以，妈妈，只能救一个，你救谁？"小女孩还是固执地盯着我。

"没有这种可能性，咚咚，对每个妈妈来说，这个选择都太残酷了。我不能失去你们当中的任何一个，如果一定要失去，不如让我自己去死。"我特别郑重地告诉小姑娘。

"可是，妈妈，只能选一个。"小姑娘趴在我怀里，大眼睛眨啊眨，无限固执。

我终于败给她了。

我扭头看看在我身边蠕动得像一条虫子一样的叮叮，他大概很难看见姐姐把妈妈噎得不知道该说啥，自己乐得"呵呵"笑，一边笑一边附和："是呀是呀，妈妈你会选谁呀？"

我心想这不管怎么选都是一个深深的坑啊……那一瞬间大脑真是被迫高速运转，运转速度超过以往做任何电视节目或接受采访提问，因为这个问题真的是太难了！

我企图反抗："我可以不做这道题吗，换道题行吗？"

"不可以！"两只小怪物异口同声！

咳咳……好吧，那就走心地思考一下：手心手背都是肉，无论选哪个后半辈子估计都过不好了。兴许，这真是一道两个娃娃的家庭才可能遭遇的问题，可是，话说回来，时间倒退十年，以独生子女身份长大的我们，谁会想到将来有一天自己可以有两个孩子？

念及此，我终于理顺了思路，但是，这话怎么说，用什么语气、什么措辞，还得掂量。

我说得很慢，看上去很淡定，其实眼睛紧紧盯着他们的表情，打算发现风吹草动就及时更换措辞。

我说："是这样的，你们首先要知道，就在不久之前，每家还只能有一个宝宝，这叫'独生子女政策'，你们知道吧？"

"知道，"姐姐点点头，"妈妈说过。"

弟弟也跟着点头。

"所以，如果每家只能有一个宝宝的话，我们家就只会有咚咚。是因为姐姐出生后吃得好睡得好是个天使宝宝，而国家放开二胎政策，妈妈才有勇气再要一个宝宝，因此才有了叮叮，"我嘘口气，摸摸孩子们的小脑袋，"所以，这件事情其实已经有老天爷替我们选择好了，如果只能留一个宝宝的话，那凡事都有先来后到，我只能选择咚咚。毕竟，时间再倒退几年的话，我们也不敢想象家里还会多一个叫叮叮的小孩。"

我已经啰啰唆唆加上了很多铺垫语句，尽量在模糊最后的选择，想着总要减少对儿子的伤害，结果没想到日常洗脑洗得太成功，我们家叮叮听完这话丝毫没受伤，反倒躺在我床上，四脚朝天一边扑腾一边欢乐地喊："对，没错，先有姐姐才能有我，姐姐先出来，我才能出来！"

噗……神助攻！

而敏感的小女孩咚咚蓦地松口气，钻到我怀里，小声说：

"我以为你会像电影里那样选叮叮。"

五岁半小女孩的小敏感啊，真是吓了我一身冷汗，哈哈！

所以，看吧，这个故事告诉我们——第一，即便是年龄差距只有一岁九个月、从小就相伴一起长大的两个小朋友，内心也会有不安全感，简单说就是，只要是大于等于二的群体化生存，就会有攀比；第二，如今五岁小朋友的理解力啊，完爆年少时的我们，所以聊天要小心，有道是"说者无意听者有心"，千万别给自己挖坑！

那么，回到这个故事本身所衍生出的敏感问题：给两个宝宝做妈妈，真的可以随时随地一碗水端平吗？

必须承认，在相当一段时间内，很难。

因为总有那么一段时间里，你的世界只有大宝。只有他，占据你全部的目光。他长大，他探索，他引导你渐渐学习做一个好妈妈。你因为他才开始体验未曾体验过的一切，比如儿童医院的急诊室、游乐场的新玩具、幼儿园的第一次家长会……因为新鲜，或是夹杂一丝丝紧张的认真，"第一个照书养，第二个照猪养"的戏谑才不是空穴来风。

当然，也不否认总有那么一些仍然受传统观念影响的地方与家庭，泯不了"男尊女卑""你是哥哥／姐姐，就一定要让着弟弟／妹妹"的观念，从而带来一些令人痛心的牺牲与怨念。但即便是在受过高等教育、没有太多性别偏好的人群中，因为这份分了"先来后到"的爱与看重，也常常免不了地偏心大宝。

我曾如是。

"曾"，就是说，曾经。

因为即便大宝曾单独拥有我们的情感，但理智告诉我们要尽可能把握一切机会强调姐姐的重要性，要让弟弟学会感激，也因此树立彼此的榜样。一路上，从买东西刻意区分大小（姐姐拿大份，弟弟拿小份），到渐渐买颜色不同的相同款式；从鼓励姐姐"玩"弟弟，到因为参与弟弟的成长而格外有成就感……他们始终在一起。

是的，在这样的日复一日里，我的叮叮，他渐渐长大了。

由于从出生便与姐姐厮混在一起，所以天生有玩伴的同时智力也被提前开发；虽然一母所生可是性格却与姐姐截然相反，外向、活泼、乐观，是个从内心到周身都洒满阳光的小话痨……他用自己喋喋不休的方式狂刷存在感，也像一只考拉一样恨不得黏在姐姐身上。

在他的生命里，自有记忆起便包含着一个姐姐，姐姐就是他最重要的偶像与最大的骄傲，甚至是初入幼儿园时最温暖的依靠——当别的小朋友哭着喊"我要我妈妈"的时候，这个小男孩一边往姐姐教室走一边哭着说"我要我姐姐"……在他初进入陌生世界的每一步里，每一分安全感的递增，都离不开牵着他的手、给他拥抱的姐姐。

他特别喜欢咧嘴笑，喜欢窝在妈妈怀里团成一颗球，会把自己觉得好吃的食物都留点给姐姐，手工课的礼物一律送给妈妈。他用散乱日常里的童言童语、稚气单纯，串联起姐姐和弟弟密不可分的印象剪影。

而姐姐的心情很复杂——六岁之前，面对小男闺密多次羞涩地表示说"我最好的朋友是咚咚"，她犹豫一下，还是坚持表示"我最好的朋友是叮叮"；六岁之后，伴随弟弟渐渐长大，开始喜欢恐龙、枪械、工程车，不仅不再陪姐姐过家家，还经常在姐姐专心读书时拿着小汽车冲来冲去无限聒噪……姐姐多次郁闷地问我："妈妈，我们可以拿叮叮去换个妹妹吗？"

唉，是这样的，咚姑娘，时代进步了，男女都一样，咱们不能因为他是男生就歧视他啊！

可是，要说不喜欢，也不对。

弟弟因为调皮乱翻妈妈的小说提纲被批评，姐姐风一样刮过来，把弟弟揽在身后，义正词严"妈妈你不要对他这么凶"；弟弟学握笔，写数字 0 ~ 9，是姐姐把他揽在怀里，伸手握住他歪歪扭扭的小爪子一个个练；弟弟幼儿园放学，献宝一样拿出小朋友们分享的零食塞给姐姐，姐姐佯装咬一口，又把弟弟眼巴巴看着的巧克力塞回他嘴巴里去……

每到这样的时候，我都觉得时光是糖，甜到满世界都撒了糖霜。

渐渐地，在所有人的印象里，姐姐和弟弟，这两个相差二十一个月的小小独立个体，就变成了共同进退的相偎相依。是因为他们紧密相连，所以你很难再把这碗水端得倾斜——后来，我终于知道，所谓"一碗水端平"，始于父母们刻意提醒自己的细节平衡；然而实际上，真正的"一碗水端平"是实现于孩子们互相之间的密切关照。

毕竟，这个世界上，最有力的存在感，要靠自己刷。

但是，当然，他们也只是孩子。

所以，分分钟不敢松懈的是对一个孩子敏感内心的随时呵护。

比如，某天，幼儿园老师给我讲起叮叮的每日笑话。

这一天午觉时，小朋友们照惯例要脱衣服——夏天可以换小背心、小睡衣，冬天则是直接脱外套，穿秋衣秋裤入睡。

我们家的小男孩站在自己的小床前，忧伤地指着自己印有小汽车图案的秋衣，告诉老师："老师，你看，这是姐姐穿过的。她长大了，穿不上了，就给我了。"

老师是温和机智的漂亮姐姐，也曾目睹咚咚在同一幼儿园里生活、毕业。她蹲下身，很认真地看看叮叮的秋衣，抬起头笑着答小男孩："可是，叮叮，老师觉得你穿这件衣服也很好看啊，一点都看不出来是姐姐穿过的呢！而且因为姐姐穿过了，妈妈也洗过了，这件衣服上残留的有害的东西越来越少了，叮叮穿就更健康了呢！"

小男孩愣一秒，突然绽放灿烂的笑容。

……

二手秋衣的问题，其实从最初购买时就考虑到了两个孩子的通用性：舒适的纯棉质地，小汽车和泰迪熊拼杂设计的通用图案，走的是中性路线，为的就是姐弟俩轮流穿。

所以那晚从幼儿园回家后，睡觉前脱完衣服，我特地把儿子抱在怀里，揉一揉，夸："叮叮你穿这件衣服真的比姐姐还好看啊！"我亲亲他的脸蛋，看着他的眼睛补充，"妈妈特别爱叮叮，所以才把洗得软软的衣服给叮叮穿，但是妈妈也给叮叮买了很多新的、很帅的衣服对不对？"小男孩欢乐地点点头，眼睛笑眯成一条缝。

幸好，因为日常里一起玩耍的时间足够多，我倒是能看懂，此刻的小叮叮，并没有受伤害。

不得不说，自从有了这两只小怪兽，我变成了比以前更敏感的人——原来，世界上最敏感于细节的人，不是作家，是妈妈。

现在回想起来，无论是弟弟刚出生后和姐姐一起照顾弟弟、拿他当玩具；还是后来渐渐鼓励弟弟做姐姐的学生、拿他当道具；再到后来大家一起学习，互为彼此的教具……时光里的那些糖，不过是你对我而言不可或缺的陪伴。

一起长大，一起相信爱。

是的，只有当孩子们自己确信爱的存在，安全感才能在他们心底慢慢蕴蓄——妈妈的回答不过是一种强调或验证，是必不可少的表达，却终究还是有赖于日常温暖累积的底气。

给两个娃娃做妈妈，我们开始学习打破国人含蓄的品性，开始学习把这句"妈妈非常非常爱你"看着对方的眼睛说出口。

给两个不同性别的娃娃做妈妈，我们时刻都是敏感、关注细节的观察者，见微知著，要讲道理，还不能口无遮拦伤了心。

给两个有年龄差但年龄差不算太大的娃娃做妈妈，要时刻记得在表扬姐姐的时候得捎带夸奖弟弟几句……

偶尔也觉得，好烦琐啊！

可是，伴随着孩子们渐渐长大，自主行为代替了手把手照顾吃喝拉撒，他们彼此间的互相陪伴取代了对妈妈私人时间的占用——他们有他们的世界、有他们的游戏，甚至有他们的隐私，在他们的世界里，"无视"妈妈，其实也是对妈妈作为一个独立女性的另一种成全。

更何况，那些只有多人团队才能组织的家庭表演课，那些看完电影、听完音乐会后一起吃吃喝喝聊聊的三人沙龙，还有那些手牵手一呼百应的旅行和探寻，都因为我们彼此的参与，才变得更加枝繁叶茂、生趣盎然，不是吗？

所以，我的孩子，我无法说我最爱谁——是最爱咚咚姐姐，还是最爱叮叮弟弟？

但我知道，从我把弟弟带入姐姐的生命中，又握着姐姐的手一路融入弟弟的成长中时，你们对于对方而言，就是妈妈所能送出的、最用心的礼物。

没有最爱，只有加倍爱。

妈妈爱爸爸，是有前提的

妈妈爱爸爸，是有前提的——你可以忙，你可以勤奋又上进，但请你让我感受到你对家庭在乎又投入的态度。没有谁天生就该为对方付出一切，甚至牺牲个人的兴趣、机会与空闲。但，倘若你能让我从细节深处感受到你的珍惜、感激与尽力参与，我愿意成全你更大的空间与舞台。

某天深夜，我的大学同学徐老师突然发来一条微信：我朋友说×书记的老婆人很好。因为"×书记很敬业，简直是不着家，他老婆很是支持呢"。

"×书记"当然说的是叮叮和咚咚的爸爸，江湖人称"呆哥"、网名"符号美学大师"，也是我的先生。

他老婆……哦，夸我呢？

呵呵，我回复：×书记已经被驱逐出他们家卧室了，如果不是还有间客房，他就真的可以当客厅"厅长"了。

徐老师哈哈大笑。

人之常情——所有看上去值得被敬佩的品质背后，大多都有另外一部辛酸史。

2018 年，是我们结婚的第十三年。十三年里，前四年是刚踏上工作岗位的小公务员和在校女研究生磕磕绊绊的磨合期（详见长篇小说《纸婚》），除了吵架、打架、流产等戏剧化内容存在文学加工外，别的细节基本没出入；后面的九年里，两个孩子出生，而他们的爸爸开始去中直机关借调、基层机关挂职、各种外派督导、领导秘书全年无休……咚姑娘八岁了，而这八年里，爸爸能回家和孩子们一起吃晚饭的时间，共计不超过一年。

我没有怨言吗？

怎么可能呢！

我只是个普通人，我再理性接受，情感上却心疼孩子。

2016 年夏天，我带女儿咚咚和儿子叮叮去常州恐龙园玩耍。大游乐场里，很多游乐项目要求"身高不够 1.2 米的儿童不能入内，身高在 1.2 ～ 1.4 米的儿童家长陪同入内"。我低头看看身边的两小只，四岁的弟弟身高 1.07 米，六岁的姐姐身高 1.26 米。让姐姐自己进，不批准；把弟弟扔在入口处，不放心。

其中有个项目，大约是人们穿着雨衣坐在船上从高处滑下，"哗啦"水冲过来，许多人先尖叫再大笑。咚姑娘站在旁边看了很久，久到我都能看见她眼睛里的渴望。我也很犹豫，我想请工作人员帮我照看一会儿叮叮，可是这个项目的入口到出口距离很远，一旦上船，我就无法视觉追踪儿子的小身影，而且叮叮离开我身边久了也会害怕……我正在纠结的时候，突然，就看见咚姑娘转过头，对弟弟说："叮叮，我们走吧，这个游戏一看就很不好玩！会弄得我们满身都是水！我们走，不玩这个！"

我目瞪口呆地看姐姐牵起弟弟的手转身就走，弟弟一步三回头还想看热闹，姐姐却走得十分果断。我慌忙跟上，刚想感慨咚姐英明，却在走出去十几米后，看到咚姑娘回过头，有些惆怅地问我："妈妈，什么时候爸爸能陪我们一起出来玩呢？"

说完这句话，她也不指望我能给出答案，又转回头去，带着弟弟奔向她本来极其瞧不起的儿童旋转木马了。她没看见，我在他们身后，捂住嘴，泪流满面。

是的，我们是一个坚强的团队，我们从省内到省外，再到国外，循序渐进，逐步锻炼体力、强调纪律，从拴防丢绳到可以不拴防丢绳，从叮叮和咚咚各拖自己的 18 寸小行李箱亦步亦趋，到如今他们自己手捏机票推着 20 寸登机箱通过安检、托运行李、独立通关，旅行中认真观察、用心体验、珍惜每一处风景，时间不够时跟着我一路狂奔，毫无怨言——只要循序渐进、科学安排，"一拖二"旅行不难做到。但，如果可以"二加二"，谁愿"一拖二"？！

偶尔，我也会想起那句"悔教夫婿觅封侯"，可是以我对呆哥的了解来说，我知道他并不是一个多么有野心的人，而如《纸婚》中所言，我也并不希望他把某某级别的官衔当作目标——他走到今天，支持他的从来都不是出人头地的权力欲，而只是"认真"两个字罢了。

认真做属于自己的一切工作，只要做了就得做好、做扎实：还是一个写文字材料的小科员时，既然要写好文字材料，就要查看很多资料，索性就把各类专业期刊上的好文章进行收集，扫描后整理成 Word 文档，十年后离开这个部门，捎带还建立了一个包含上万篇优质资料的电子版资料库；年轻，每天早到办公室打扫一下卫生，擦桌子的时候抹布不能绕着笔筒走，那样虽然擦得快，但不干净，一定要把桌子上所有文具拿起来，擦干净桌面再放回去；下基层，踏踏实实把下辖部门、困难户家里转一遍，回到住处还得坚持学习，不仅是大政方针，也包括社会学、传播学、政治学著作，因为全面的思考才能指导更科学的行为；再忙也要坚持锻炼身体，八年来每天都要做一百个俯卧撑，晚上十二点下班也要六点起床绕四百米操场跑十圈，因为身体是革命的本钱，也是家庭的本钱……

我非常敬佩他的毅力和认真。

我相信如果他不是一个公务员，而是一个教师、一个企业职员、一个木匠，那他也一定是一个认真的教师、一个勤勉的企业职员、一个手工活细致结实的木匠。

其实，他也是个认真的爸爸。

叮叮和咚咚养了两只仓鼠、养了几条鱼，还养了几盆多肉。都是很好养活的物种，因为他们从很小的时候就知道告诉别人："我妈妈养死过很多条鱼，我妈妈还养死过仙人掌和小乌龟。"

我冷笑："我这辈子就养你俩没养死，珍惜生命，照顾好自己，懂吗？"

嗯，扯远了，我要说的是，这世界上有些人是只喜欢逗弄宠物却不喜欢伺候宠物，但幸好，他们的爸爸很勤劳。

呆哥每次回家换了衣服第一件事就是清洗鱼缸，一边洗一边抱怨："我不在家，你们就不能洗洗鱼缸吗？还有仓鼠的笼子快要臭死了，你们不能洗洗吗？"

我摊手，指着还没有叮叮小书包大的鱼缸控诉："鱼缸装上水太沉了，我搬不动；还有仓鼠笼子……我怕长毛的动物啊，不敢抓。"

叮叮和咚咚惊愕的目光投过来——每次在免税店里买那么多东西然后把死沉死沉的箱子拎进五楼家门（没电梯）的敢情不是你啊？天天在楼下撩猫逗狗的敢情也不是你啊？

我当没看见，转身去做饭了。他们的爸爸洗完了鱼缸，开始像卫生委员一样巡查——马桶该刷了，刷刷吧；书柜门玻璃脏了，擦擦吧；花盆干了，浇水吧；卫生间的垃圾桶满了，下楼把垃圾扔掉吧……

干完一圈活回来，发现还没到吃饭时间，坐小板凳上擦皮鞋，擦完了自己的顺便把我的皮鞋也擦干净。虽然一边擦一边还得跟围观群众夸自己："叮叮，咚咚，你们看爸爸擦的皮鞋干净吗？擦皮鞋也要认真！只要你认真做，就没有做不好的事情！"

呵呵，敢情还自带一碗励志鸡汤。

洗完手上桌吃饭，他开始夸："这个虎皮尖椒太好吃了！已经达到了饭店的标准！不对，是比饭店里做的还好吃！这个排骨也特别好！叮叮，咚咚，妈妈这个菜做得好不好？"

围观群众们两只手都是油，塞得一嘴肉，嘴里含糊着"嗯嗯啊啊"。

"主持人"还没忘跟我感慨："你太厉害了，你是怎么做到的呢？我认为这已经是你的拿手好菜了，下次朋友们来吃饭，你可以做给他们吃！"

这种真挚的讴歌让我听得有点麻木，因为该"主持人"语言匮乏，每次夸人只会说一句"你太厉害了，你是怎么做到的呢"。比如：进了地下停车场就找不到自己家的车，如果我在身边，能够记住方位和沿途道路，他就得感慨"你太厉害了，你是怎么找到的呢"；永远记不住投影仪遥控器上的哪个键是干什么用的，想关的时候关不掉，想开的时候打不开，我绝望地把遥控器拿过来操作，他坐沙发上兴奋地看着电影菜单感慨"你太厉害了，你是怎么做到的呢"……

这种超越了低级拍马屁而呈现出真挚情感的盲目崇拜，特别打动人心——反正时间久了我也认命了，承认人类的大脑容量是有限的，装了这些就装不了那些，记住了工作就记不住生活小窍门，忍了。

吃完饭我去洗碗，扔本《儿童好奇心大百科》给他，他就很认真地左拥右抱靠在床头一板一眼地念："苹果削皮后为什么会变色？因为苹果里含有容易和氧气结合的酚类物质和酵素……"

没有抑扬顿挫，只有前后鼻音混淆，但是态度十分认真。有时候陪孩子们玩"大富翁"，算账都算不明白，玩多少圈都记不住游戏规则，但仍然很认真，盯着棋盘琢磨要不要建房子、要不要买旅馆。小朋友有着世界上最干净的眼睛，自然看得清谁对自己是敷衍、谁是真心陪自己游戏。所以他们没有因为爸爸回家少就觉得疏远，反倒更加想念。偶尔爸爸回家来，他们要赶紧分享这段时间里自己写的作文被老师画了很多波浪线、自己做的手工被妈妈收藏在了书柜里、两人合作的手工立体书"多达 7 页翻页"而且"真的能翻开哦"……爸爸很认真地拍照，很认真地记录儿女们搞笑的童言童语，很认真地核对标点符号无误后发在微博上。

有一次，爸爸还着重拍摄了女儿留给他的一张字条——那次是咚姐期末考试后，许久没见到爸爸的咚咚和叮叮敦促妈妈冒着大雪开车去往爸爸所在的乡镇，想要住三天。三天里，爸爸倒是回了两次，每次都在晚八点之后，兴奋的叮叮和咚咚就连续两晚都十一点才睡。最后一天，爸爸加班住在办公室，叮叮和咚咚非常失望，姐姐手写一张奖状，上书："×××同志，得到'全家最不带孩子'认可，特发此证，以资鼓励！"然后把这张字条端端正正摆在爸爸的书桌上，谁也不让动。

爸爸回家后看到了，在微博上认真地写："昨天晚上带领街道的几位同志，为了准备后天的一个全区大会发言材料，奋战到凌晨一点，没能回宿舍，在办公室里将就了一夜。今天晚上回到宿舍，看见咚姐留下的材料，这算'最不带孩子证书'还是'最不受孩子认可证书'？老实说，得到这样的证书确实不是啥光彩的事情，就别'以资鼓励'了，哈哈。"

这么丢脸的事，我没想到他会发布在微博、微信上。可是我也很欣赏他的发布，因为我从中看到了一个父亲的愧疚。

是的，很多年了，每当我想出门进修、访学却顾及家庭无法成行的时候，每当孩子生病我要照顾完大宝再照顾小宝的时候，每当我要拎着笔记本电脑在儿童游乐场或英语辅导班门外赶稿子的时候……我有一肚子的怨言想要宣泄。可是，等过去了这阵子，理智会问我，难道因为这些，我就得让他做个尸位素餐的公务员吗？

如果他是那样一个敷衍了事、不负责任的人，当初我会嫁给他吗？

周末午餐时，咚姑娘一边吃饭一边听我讲第一次去他爸爸老家时，看到的破板凳、旧家具，家里没有冰箱，爸爸中学时代唯一有肉的菜是从家里带到学校的炒咸菜干……咚姑娘突然问："妈妈，爸爸家里这么破，你为什么还会和他结婚？"

我笑了，我说："你姥姥说过一句话，很能代表我的观点，她说这样的家庭里能成长出你爸爸这样的人，那你爸爸一定是一个非常优秀、勤奋的人。"

截至2018年，我已经写了整整二十年的情感故事。我不是没有歌颂过荡气回肠的爱情，但我更相信随着时间的推移，"爱"会渐渐淡去，而所有认真的"情"，会相互陪伴。

十三年了，有一些审美疲劳，有一些麻木无言，当初不见面会想念、见了面会激动的"爱"早就不在了，但是你知道那个人，他无可替代。

所以，我很认真地告诉我的女儿："未来，你也会遇到一个人，你们彼此喜欢，想要一起生活。妈妈不管这个人高不高、帅不帅，但他自己要是一个有健康人格的人，要对你好。"

咚咚问："什么是健康人格？"

我想了想，说："比如，你爸爸那样的人。"

真不低调啊——事实上，当妻子对女儿说出"你将来嫁个你爸爸那样的人就很好了"这句话时，应当就是对丈夫最高的褒奖了吧？

哪怕说这句话时，我仍然有一肚子牢骚，但理性分析一下：他的认真，是认真待人，就会认真待你，不抠门、不计较，给你足够的空间维系你自己的朋友圈、做你想做的事，尊重你的事业与成就，为你所有的荣誉感到光荣；虽然忙，但只要在家就多做一点力所能及的家务；的确很少有空陪孩子，却在有限的陪伴里专心致志。

而孩子们，他们也能感觉到怎样的陪伴是敷衍，怎样的陪伴是全情投入。他们能分辨爸爸是否认真倾听自己的分享，是否认真思考自己提出的问题。他们在有限的、能看到爸爸的时间里恨不得黏在爸爸身上，而绝大多数时候，他们的爸爸甘之如饴，不会不耐烦。

这份认真的态度，就是我们互相取得谅解的前提。而在这个前提基础上，我们保持交流、共同进步，这便也是维系爱的前提了。

我无数次听人说过，家长能送给孩子最好的礼物，就是爸爸妈妈彼此相爱。

但，我会告诉我的孩子，作为彼此平等的独立个体，每份爱都是有前提的！

尤其，从家庭事务更为繁杂却还要兼顾事业进步的女性角度出发，妈妈爱爸爸，也是有前提的——你可以忙，你可以勤奋又上进，但请你让我感觉到你对家庭在乎又投入的态度。没有谁天生就该为对方付出一切，甚至牺牲个人的兴趣、机会与空闲。但，倘若你能让我从细节深处感受到你的珍惜、感激与尽力参与，我愿意成全你更大的空间与舞台。

爱与关怀，都是相互的，是要表达的，是应当能被感知到的。

因为感知，才能理解，进而劝说——爸爸的忙，是认真背后的身不由己，但爸爸对这个"家"的态度，也是认真又热忱的；爸爸没空陪你们，但妈妈看得到，他有多么爱你们！

因为爱，才无可取代。

那本最恰当的育儿书，作者是"妈妈"

这世界上最适合你家的那本育儿书，作者一定叫"妈妈"——因为在目前国内育儿体系中，在爸爸普遍缺席的大环境下，妈妈常常是最了解孩子的那个人，也是最了解家庭内部问题所在的那个人。

一直想单独写篇文章，写写我妈。

当我还是个小女孩的时候，对我妈的记忆，一是忙，二是凶。

现在想来，那时候的她就跟现在的我年纪差不多，三十来岁，正是奋斗的好时候，工作日能一起吃晚餐的机会基本是零。当然我爸也很忙，所以我每天和外公外婆一起生活，等晚上睡着了，爸妈就回家了。我早晨六点多起床上学，爸妈还没醒——在我人生中的前十八年，她除了考大学、读大学，就是忙工作，见面的机会不多，偶尔周末撞到一起，标配是"吼"。

吼我爸，捎带吼我："我刚擦完地你走来走去干什么！到处都是你的脚印，你自己不干活还藐视别人的劳动成果！你们爷俩一个样，都不考虑别人！"

吼我，捎带吼我爸："你看看你这个桌子，书能不能摆整齐点，剪子怎么能放这儿，掉地上扎破你脚！什么什么找不到，跟你爸一样，一辈子学不会利索！"

往往，我跟我爸对视一眼，我比个口型：母老虎！

我爸点根烟，偷偷笑。

后来大一点，她吼我的次数少了——因为调职大型国企，身系上万人养家糊口的大事儿，所以我们越发遇不到。她经常出差，我倒是经常能收到很多礼物，嗯，"惊喜"的礼物。

比如刚开始流行旺旺仙贝那会儿，我很迷恋这种咔嚓咔嚓满地掉渣的零食。恰逢我妈去广东出差，问我想要什么，我听说同学的爸妈都从广东给他们带随身听之类的先进设备，但我是个低调的小孩，不需要那么奢华的东西，所以我低调地表示：我想要旺旺仙贝。（写到这里时我忍不住捂上自己的脸——这是个多么没出息的熊玩意儿啊！）

我妈愣了一下，反应了一会儿才明白"旺旺仙贝"是个什么鬼，然后她就上飞机了。

然后她办完公事就回来了。

然后她就献宝一样激动地给我展示一个巨大的蛇皮袋——是的，你没看错，是一个大型蛇皮袋！

她拉开拉链，我的眼珠子就掉下来了：那是满满一蛇皮袋的旺旺仙贝？！

那一蛇皮袋的旺旺仙贝啊，一直让我吃到这辈子再也不想吃仙贝。

然而，这个系列故事并没有结束：此后的那些年里，我还收到过我妈去上海参加大学校庆时带回的满满一箱"阿咪奶糖"，我努力吃完后就对所有奶糖都生无可恋了，中间还顺带去口腔医院拔了颗蛀牙；还收到过她去香港出差时带回的 N 件同一牌子白衬衣，且为了保险起见，她买的最小号也比当时的我肥了两个码，于是直到今天我都能穿……

感谢改革开放，让童年记忆充满一种奇特的芬芳。

我读初中的时候，我妈还是没有假日，甚至连周末都没有，因为她考了本地联合华东师大合办的法学专业在职研究生，每到周末就有名师从上海飞来给大家上课。具体细节我印象不深，因为那时是我读书读得很失落的一段时间。但我一直记得自己当时的惊讶——我不太明白对于 50 后这一代人来说，大学生已经算是凤毛麟角，在这样学历优势明显的情况下，为什么还要读研？

我只知道我自己算是自暴自弃了，一路使劲儿扑腾还收效甚微地上了高中，并且渐渐发现，我们家的"粗放型养育"已经粗放到了完全看不见饲养员的地步——到高三时，赶上我爸也忙，所以每当看到同学愁如何跟家长汇报自己惨淡的期末考成绩时，我考虑的都是如何跟班主任说，我们家又没人来给我开家长会了。

所以，大学时我经常忍不住揣测：如果高中时我是那种成绩排名在年级前三的小孩，会不会我爸妈就算披荆斩棘也要来给我开家长会？如果大学里有家长会就好了，我每学期都是一等奖学金，他们听说这个应该不会再请假了吧？

当然这是个不会有答案的揣测，因为我做梦都考不到文科班年级前三，大学里也根本不会有家长会。

不过，按照中国家长一以贯之的聚会话题风格来说，到这时，我终于也变成了"别人家的孩子"，再加上逢寒暑假才能回家，所以我妈看我的目光很是和颜悦色。

但是也真邪门了，我发现我跟我妈的和平期基本只能保持在两周左右——通常在家休寒暑假的第十五天开始我俩就得时不时吵几架，切入点包括我的桌子又乱了、我的床单不平整、我吃饭太少不给力、我早晨起太晚不吃早餐不健康、我在家放假闲得长毛还不擦窗户玻璃……

我那时候想：上帝保佑，等我四十多岁的时候，千万别变成她这样。这哪是大企业的领导啊？这也太絮叨了！

可是，据我观察，只要不涉及房间物品摆放次序的问题，她似乎又不絮叨了。

考高中、考大学，我想考哪所也就考了。高考时还是20世纪末，海边小城在文化信息方面的闭塞一度呈现出一点若有若无的偏见。比如听说我要考艺术院校，还有人很纳闷："艺术学院？那不是个大染缸吗？小女孩考进去还能学好？你爸妈同意你考？"

呵呵，我心想，我爸妈不仅同意我考，还放心地给我路费，让我独自往返于从省城到家乡的绿皮火车上，去拜师学专业课。大学毕业想考研究生，那就考吧。研究生没毕业就想领结婚证，那就领吧。结婚四五年还不想要孩子，随便自己看着办吧。公务员做了八年想转行去当老师——行吧，你开心就好。

这当中，无数质疑，有的被我知悉，有的被我妈直接拦截。其中不乏故乡官员、长辈，问我妈："好好的省直机关公务员，多难考啊！你闺女说不做就不做了？怎么想的啊！"我至今拜服的是我妈一声叹息的回答："他们喜欢什么，就让他们去做吧，人这一辈子，一共才有多长？能有机会想想自己喜欢什么，挺好的。"

写文章多年，也从各种媒介、讲座中答疑多年，甚至还从事妇女工作数年，我见到的个案那么多，可是眼见能说出这番话的父母，尤其还是 50 后父母，却不多。

是的，说到这里，我终于可以说，当我走到我妈当初的年纪，当我终于走到"知道自己不知道"的阶段，我才发现，其实我非常佩服她。

当我也给别人做了妈妈，一天念叨三百遍——"咚咚你脑袋抬高一些，眼睛都快要长在书上了，你想近视眼吗？""叮叮你玩过的玩具能不能从哪里拿的就及时放回哪里去？你再把玩具随便扔地板上我就给你扔门外了啊！""你们的房间怎么这么乱，来跟我一起咱们分类整理一下……"

我还想到她当年每次出差时的行程一定很紧张，公事之余能逛一间服装店或搜寻一个零食品牌就不错，就像今天我时常往来北京、上海却只能从高铁站买礼物给叮叮和咚咚一样——都知道机场和高铁站的东西贵，可是那种情况下哪来得及心疼钱？

当我成为一个职业女性，我知道这世界赋予女性的标签始终是身兼数职、忍辱负重。除了家庭，还有事业，它们互

相牵绊，常常让你力不从心。对于太多优秀女性来说，如果
全力以赴打拼事业，或许可以比一部分男性要出色许多。你
也想出门进修，可是你抛不下幼升小、小升初的孩子。你怕
全家人的晚餐不可口，你出个差还得惦记降温的日子里爱人、
孩子有没有及时加衣服，你请了家政又怕不妥帖、不安全……
你只能两头兼顾、疲于奔命。除非更加严格地管理自己的时
间、更加合理安排自己的生活，否则你可能连与女朋友们喝
个下午茶的时间都没有，更遑论聊聊那些能促进彼此思考与
进步的话题。

　　而所有那些关于日常收纳、整理、清洁的要求，如她所
说："为什么我们要带着孩子一起收拾、整理，必要的时候
他们睡了我们也得继续整理，就是因为在一个整洁环境里长
大的孩子，将来会是一个对自己的生活有要求的人。"简言之，
我们今天的"手把手"，恰是为了将来，他们能对自己更加
秩序、更加整洁、更加高效的生活负责。

　　我想，我终于理解，那些年我妈对我的"粗放"。因为
她对事业的打拼，因为她对知识终生不辍的追求，因为她坚
持思考却又不放弃对生活趣味的探寻，所以直到今天她仍然
可以给我很多很棒的建议——无论是关于思想经济上的观点，
还是生活小窍门的分享。

尽管到这时，她已经退休了。

退休后，我妈集合了我的一群姑姑们自驾游，从山东沿海出发，春夏秋冬分层旅游。每次出门都是沿途景点一个不落，没有景点绕路挖掘景点也要逛！回家后还会用 Photoshop 修图，再用文字工具备注上景点信息和当时的心情，老厚一本相册，生生给搞成了图文并茂的游记。我翻一翻，发现从长白山翻山越岭出来后，老年妇女们还沿途观赏哈尔滨中央大街、内蒙古广袤草原、天津海河港口、东营红海滩，中朝边界那张图片上还特别标明"扬我国威"的激动心情。另一本里她们看完殷墟又去郭亮村和红旗渠，中间没忘用大段文字抒发他们那一代人对"艰苦奋斗"的念念不忘……

一群会做行程、订民宿、看导航、自驾车且归来后会写攻略的老太太，吓死本宝宝了——如果不说年纪，我会觉得他们至少是 80 后。

她从不主动掺和我们小家庭里的事件，一切有选择难题的事宜都只介绍个人经验、认知，但表示"我不了解你们那里的具体情况，所以你们要根据实情慎重考虑"。分享阅历经验，但没有强加观点，更没有披着"自有判断"的外衣进行干预。

　　她也从没打算把自己捆绑在帮我带孩子这件事上。她要旅游、要阅读，她有很多有趣的事情要做。但她会在我分身乏术时来帮我救急——连续加班的时候、赶书稿昏天黑地的时候，打个电话我妈就出现了。幸运的是在育儿观念上我俩比较一致，而且我很欣赏她在这当中所表现出的智慧，比如她正告叮叮和咚咚："我没有必须照顾你们的义务。我是来帮助我女儿的。至于你们，那是你妈妈的义务。"

　　至今，呆哥都经常感叹——在我们家，能够掌握一个人接送两个小孩、给他们做饭、检查作业并带领复习预习、组织他们阅读或游戏、带他们外出游玩甚至旅行这套综合技能的，只有我妈和我。

　　对此，我妈笑着说："这有什么难的，其实养孩子也不过就是一套管理学理论的家庭实践。"

　　"养孩子就是管理学的家庭实践"——这话令我茅塞顿开。

　　可不是嘛，那些引导、协调、激励、赞扬，那些适度的批评、必要的渲染，那些对发展方向的把握，那些对各自独立空间的维护，那些建立在"尊重边界感"基础上的关怀与呵护……这不就是一本属于你自己的《管理学基本原理》吗？

　　总有人问："叶老师，你都看哪些育儿书？"

　　我想，在我们家庭内部的不断探讨与相互学习中，我渐渐知道，这世界上最适合你家的那本育儿书，作者一定叫"妈妈"——因为在目前国内育儿体系中，在爸爸普遍缺席的大环境下，妈妈常常是最了解孩子的那个人，也是最了解家庭内部问题所在的那个人。她知道自己的家庭里是否存在"隔代养育"，知道一刀切地推行现代教育理念是否会引起家庭内部矛盾，知道目前自己的身体状况和家庭状况是否能够支持生二胎……我们不要对别人的生活指手画脚，不过是因为我们不是"她"。

　　她不容易。

　　她要工作，还要带孩子，难免有疏失。所有那些能够协调事业与家庭，尽量推动个人进步也带动家庭进步的妈妈，都值得尊敬。当然，到了我们这一代，视野的开阔、信息的丰富，都让我们更好审视自身，也有了更加明确的目标——我们开始知道，只有看更丰富的、能够提升我们自身综合素质的书籍，只有勇敢走向人群、增加自己的阅历与社会经验，才能让自己真正成为一个有胸怀、有眼光、有独立观点的女性。而这样的人，在面对育儿问题时，即便不知道教育原理，也本能地会做出更加尊重孩子也尊重自己的决定。

是这样的，你的视野有多大，你的弹性就有多大；你在进步，他们才有希望进步。

如今，我妈的愿望：一是想有一辆房车，能更舒适地自驾游；二是想找个合适的地点，科学规划，与我的姑姑、姨妈们抱团养老。她说，年轻人都忙，我们尽量不要麻烦他们，我们互相照顾，既可以降低成本，也更有趣。

她说这话的时候，手边放了一摞历史书，她告诉我，到了一定年纪再来读史，明兴衰，知更替，晓得失，更重要的是人通透，才能放得下。

说完这话她转身去菜市场，跟所有那些老头老太太一样，和小贩讨价还价，也会用方言聊聊天。

真的挺好——有智慧，但不端着，是挺棒的姿态。

我终于到了她曾经的年纪。

然而现在，我想，如果到六十岁时，我们能活成她这样通达，能做一手好吃的饭菜，还能令孩子们愿意倾听父母的观点，就算相当成功了。

终身学习——大约，这也是我能分享给我的孩子们，关于幸福源泉的最终奥秘。

最朴素的教育，在生活的细节里

孩子的孩子们，没有责任与义务记住那些未曾谋面的先辈们的样貌、姓名、故事。但，只要这些温暖与爱一直传递下去，我们就从未辜负来这世界的意义——爱在，他们就在，我们也在。

其实，都是一些小事。

比如，零花钱。

小学一年级，我开始有了零花钱。那个年代的冰棒已经涨到了一角钱一支，特别好吃的蛋奶冰棒需要一角五分钱。夏日午后，午觉总让人觉得睡不醒的时候，我外公会一边喊着"起床上学啦"，一边塞给我一角钱，让我沿途买支冰棒给自己清醒一下头脑。人生中第一次拥有零花钱的我每次攥着这一角钱都有点踌躇，终于有一大鼓足勇气问外公："如果我不买冰棒吃，那些钱怎么办？"

外公笑了，说："如果不买冰棒吃，就攒起来，等攒多了，可以买你想买的东西。"

　　大约看出我的眼神很懵懂、很迷离，外公索性一次性给了我几元钱，算作这个夏天的冰棒费用——在那个人均月薪不足百元的年代，那还是我第一次见到这么多钱，拿到手上时好像捧着一大笔巨款！

　　兴许也是为了鼓励我参与劳动，外公还说，如果能把地下室里的旧报纸、酒瓶、易拉罐搬出来卖掉，卖废品的钱可以归我所有。所以，原本那么馋嘴的我啊，就真的整整一个夏天一支冰棒都没吃。而且，我还每周像台风过境一样扫荡地下室里所有能卖的旧物，热衷于汗如雨下地搬东西——直到我花了很久的时间，终于攒够了十元钱。

　　我是用一把毛票跟外公换来一张十元"大团结"纸币的。我还记得自己用一个硬纸盒装着这十元钱，每天晚上睡觉前都要拿出来看一看。很多年后，我大约知道了，或许，我每晚看的，不是钱，而是自己与"懒"和"馋"进行斗争并取得胜利后的成就感。

　　再后来有段时间的攒钱记忆就模糊起来，但我记得自己通过为数不多的压岁钱、卖废品换来的钱、每月的零用钱，一点点攒够 1000 元的时候，是 20 世纪 90 年代初，读初中的时候。那天偶然看见外公拿了一张绿色的单据在记账，凑近了看，只见上面有陌生的词汇，叫作"定期存款"。外公介绍说，按照目前利率，1000元如果按照某档特殊的大额存款政策，三年后会变成1300元，前提是中间不能取出来，要一直放在银行。

1000元能变成1300元？！这么好的好事岂能错过——我当即决定要加入存款的队伍，但我那时候还没有身份证，外公便用自己的身份证为我存了款。

三年后，外公重病，住院前，还记得把我到期的存单兑换，很认真地问我："现在已经没有了利息诱人的大额存款政策，你要不要考虑把1300元用来购买'国债'？"

……

于是，十五岁的我成了国家的债主。到我十六岁时，外公去世了。他没有看到一年后，十七岁的我开始有陆陆续续的稿费。也是那一年，家乡那个海边小城有了第一台ATM机，为了存取稿费方便，刚拿到身份证不久的我给自己办了人生中第一张银行卡。后来进了大学，稿子越来越长，稿费越来越多，我按照外公说过的那样，每次拿出三分之一给自己吃喝玩乐享受生活，再把三分之二零存整取，积少成多。

其实，我是个不懂理财的艺术生，在没有余额宝的年代里，平生唯一能想到的投资方式不过就是买房子做包租婆。所以，以上这个故事，其实跟发家致富没什么本质关系——尤其是在有了两个孩子之后，这两台小型碎钞机基本上碾碎了我大额存款的梦想。但，我会永远记得，1992年，我的外公面对一个刚读初中的小女孩，认认真真跟她讨论什么是活期存款、定期存款、利率、国债的模样。

是他告诉我记账、存款，尤其是财务规划的意义；也是他告诉我，人不能太苛求自己，适度消费是为了更好地工作。以及，他退休了，不用上班，却可以有退休金，那是因为在能够工作的日子里，他曾经全情投入……所以，这世界上没有从天而降的馅饼，只有勤勤恳恳的积累。

三十年后，我的小女儿咚咚七岁了。她有个会说话的储蓄盒，里面藏着她每月的零花钱——每月四十元，那是她给自己买小东西的秘密基金，还可以用来买旅行途中超出礼物预算的心仪小物。

她很认真地积攒，还找了个小本本记账。看上去那么珍视的私房钱，却永远不忘外出时拿一部分给妈妈买份小礼物，也可以大手一挥送给弟弟一百元买旅行纪念品——慎重对待金钱，却不为金钱所累——这不是我的嘱咐，但一定有些什么，在默默传递。

我是跟外婆学会做饭的。

十八岁，我考上大学，外婆很担忧，她每天忧伤地看着我念叨："你这么挑剔，那菜不光好吃还得好看，你说你上了大学怎么办啊？谁能伺候你啊？你自己不学会做饭的话，别人做的你能吃得下去？"

她念叨了我四年，终于念叨到我本科毕业，暑假，我开始学做饭。

厨房是她的舞台。她七十多岁了，仍然满场飞，一边照顾两个炒锅，一边得空看一眼电汤煲。

她说："炖排骨之前得开水焯去血沫，然后再倒汤煲里，煲两小时，这中间你就可以准备点冬瓜。冬瓜切好放一边，还来得及切肉丝、切蔬菜。灶上的锅就两个，你在左右开弓之前可以把等着做的菜排好队。那就得提前算算每道菜做成的时间，带汤的、不容易凉的可以先做，放一边等着。鱼虾不能太早，凉了会腥。能分两道工序的，比如熘虾球什么的，都可以先做一半，放一边等着，最后按顺序回锅，这样端上桌的时候基本所有菜都是热的……"

她嘱咐我："将来，要是下班晚，可以用微波炉解冻五花肉块，再切。提前算好了先做什么再做什么，四菜一汤用不上一个钟头。"

后来，很多年里，我都喜欢备好食材、计算好顺序后，用两三个锅同时做菜；也喜欢在办事前先分析现状、找寻最科学的办事方法和能够兼容的办事步骤——这是我喜欢的高效，也是她教给我的"统筹兼顾"。

最重要的是，在日复一日的生活化磨炼里，一个彼时还不知道什么是"时间管理"的小女孩，渐渐学会为事件分等级，先做眼前最紧要的事，或是先做完需要等待反馈的事，然后在等反馈的时间里开始做其他事……

许多后来发现相当酷炫的管理方法、处事机制，其实，都在老人简单的言传身教里。

我妈是个雷厉风行的人，大家都说她是"女强人"。

我到今天都记得她带十岁的我出门逛街——周末，放松一下，20世纪90年代初的海边小城没什么娱乐项目，只有两个像样的商场、一个挺大的批发市场。出门前，她像班主任一样下令："想好你要去几个地方买哪几样东西，设计好路线。中间别忘了去一趟百货大楼，得去买个炸鸡腿，午饭的时候吃。"

我吭哧吭哧地找出一截纸片，写：买本子、转笔刀、联欢会用的装饰花、一双运动鞋，去新华书店买两本书……

书写的同时就好像有张 3D 地图在脑袋里转：从哪里出发，走哪里比较方便，再往哪里拐，然后去哪里……托这些准备工作的训练之福，我代数不好，但大学时代愣是靠计算"某种电话卡在通话超过三分钟后会比另一种电话卡贵 0.5 分钱"这种实用题目获封"艺术学院小卖铺方圆 100 米内最强大脑"；几何也不好，但后来结婚了、出门旅行了，一直是我先生的"活体百度地图"，而且还是 3D 版。

我不觉得这些全都是基因使然，就如我学教育学的朋友所说："如果基因好用，还要老师做什么？"

或许，所谓大脑转速，多少还是有些遗传效力。但，更多部分，是在后天的刻意培养或是不经意的生活感染里。

比如很多年后，我的女儿咚咚升入小学二年级，在班主任带领下开始给自己看过的书、办过的事画思维导图。其中有一次的作业叫"购物"，小女孩用水彩笔驾轻就熟地写道：第一项，要列购物清单；第二项，确定路线和交通工具；第三项，超市购物；第四项，回家后分类整理。

第二项那里，小女孩特地用不同颜色注明每个人要买的东西，比如她的文具、弟弟的玩具，妈妈要买的黄油和牛奶。旁边有简笔画，画了一串包装盒，盒子上写着 milk、butter 以及一本 notebook……

虽然说秉承我妈的思路，我没多想就把这套办事思路分享给了我女儿，但是时代当真是进步了，硬件日新月异。我回忆了一下自己十岁那年的半截小破字条，再看看如今孩子们的思维导图，觉得长江后浪推前浪，而前浪……全靠自学成才！

我爸这辈子对我影响最大的一件事，大概就是买书。

过生日送书，出差回来带书，周末还要买书——男人们讨厌逛商店，那么偶尔出门，就带女儿逛书店吧。

印象最深的一次，是90年代初的时候，我爸连续三周每周都化十元左右给我买一套书。到了第四周，他哀叹："闺女啊，你爸一个月才挣一百块，你买书就得花一半，再这样下去，你爸别吃饭了。"

说归说，他还是掏出钱包给我结了账。

几年后，他把自己的公司搬到市图书馆少儿馆旁边，第一件事就是去给我办了借书证，逢寒暑假就显摆说："闺女啊，跟爸一起上班吧，爸那里有书看。"

我陪他上了几个寒暑假的班，看完了少儿馆里所有算得上是长篇小说的图书，也吃了很多碗图书馆身后巷子里的"兰州拉面"——直到今天，我都觉得那碗看书看到饥肠辘辘时热气腾腾的面条，是我吃过最好吃的拉面。

我至今保存着我爸给我买的一些经典图书。2012 年，曾经由许多位名画家联手绘制的《彩色世界童话全集》再版，在当当首页放了大幅推介图。宣传语说这是自 20 世纪引入中国后，第一次将 60 本童话绘本全数再版。看着那些熟悉的画面，我默默打开书柜，取出我的藏书——二十几年前国内首次引入的版本，就是我爸用将近一个月的薪水给我置办了全套。我怕叮叮和咚咚损毁，每次都小心亲手翻阅，随后束之高阁。

我终于还是去网上下了单，我想告诉我的孩子们：新书给你们看，但外公留给妈妈的宝贝，历经近三十年，封面已经开始微黄，我不舍得拿出来。那是我小心翼翼的收藏，恨不得翻阅时都能戴白手套——或许，我读的不是书，而是我爸爸对我的爱。

当然，我也爱你们，我的咚咚和叮叮。

所以，我把我在成为一个妈妈后才感受到的那些蕴藏光泽的珠子从记忆深处找寻出来，拭去尘埃，希望把这些简单生活里的智慧，传递给你们。

有些，也会延伸。

比如，我不仅买书，也会在书籍扉页上，写下一些期待、三两推荐。

　　希望循着这些痕迹，很多年后，当你们看得懂这些文字时，会记得，我像我的亲人爱我一样，始终深爱着你们。

　　《寻梦环游记》里说，人的终极死亡，是最后一个记得你的人，离开这个世界。

　　其实没关系的——毕竟，孩子的孩子们，没有责任与义务记住那些未曾谋面的先辈们的样貌、姓名、故事，但，只要这些温暖与爱一直传递下去，我们就从未辜负来这世界的意义。

　　爱在，他们就在，我们也在。

PART 4

在玩耍中，发现生活之美

你相信有圣诞老人吗

所谓节日，不过只是个噱头，是我要借这个机会让你知道：你真好，你被人爱，你值得被人爱。愿你慢慢长大，懂得世事，但温暖如初。

你相信有圣诞老人吗？

不信。

你若这样问我，我一定如此回答。

怎么可能相信呢？虽说我们这一代是伴随改革开放长大，舶来品在生命中开始占有越来越多的比重。可是，当我们还是个孩子的时候，最盛大的节日叫"春节"——过春节可以有新衣服穿、可以拿到压岁钱，可以在寒假有硫黄味的空气里走来走去串门子，无论到了谁家先被塞一把糖果。对了，还有饺子和春节联欢晚会——在电视还没有普及的年代里，楼上楼下的邻居是凑在一起看电视、一起放鞭炮、一起哈哈大笑的。

中国人过年，腊月三十要烧纸，祭奠先人；要贴福字、对联，图好彩头；然后拜财神，那也是位红衣服的仙者，据说要请他老人家吃饱喝足上天庭汇报工作。后来长大了，过"洋节"的氛围在众多商家烘托下越来越浓，才渐渐知道了，原来西方的春节叫"圣诞节"，那天也有个红衣服老爷爷不辞辛苦走来走去，人们叫他"圣诞老人"。

从民俗的角度来说，西方人的节日似乎天生就多浪漫和狂欢，东方人相对含蓄又克礼：比如鬼节晚上，中国人默默地烧纸，然后回家告诉小孩子深夜不能上街，西方人却在万圣节狂欢 party 中与鬼神"同乐"。再如过年期间，财神的行为和大人们的虔诚密切相关，圣诞节的惊喜却源自圣诞老人对孩童的关照。

最初，是在我女儿咚咚只有三岁的时候，她曾经问过我："妈妈，圣诞老人从哪里进来我们家的呢？"

我特别规范地回答："烟囱里。"

我女儿很懵懂："我们家有烟囱吗？"

我被噎住了一秒钟，想了想，答："我们家有抽油烟机，那个管子是伸到外面去的，圣诞老人会沿着抽油烟机的管子爬进来。"

于是我女儿更加懵懂了——她仔细瞅瞅那管子的粗细，再看看手边巨大的礼盒，估计一直没想明白圣诞老人是怎么把这些东西搬进来的呢？

后来，女儿渐渐长大，热衷提问的带腿百科全书变成了小她两岁的弟弟叮叮。

叮叮抓着我问："妈妈，圣诞老人怎么知道送我们什么礼物？"

我继续胡扯："圣诞老人是个有品位的老爷爷，送来的玩具都是最新潮的，缺点就是他是外国人，所以他送来的玩具都写着外国字。"

儿子翻翻礼物盒子，若有所思地点头。我转身去做别的事情，心想圣诞老人一定还有个小名叫"圣·尼古拉斯·海淘"。

也有人问过我："总有一天，他们会知道圣诞老人的故事是假的，你说你忙活个什么劲？"

还有人说"我们家孩子很小就知道了圣诞老人的故事是骗人的，小孩子还是不要太充满幻想的好，容易被骗"；更有人说"圣诞节没有快乐只有仇恨，帝国主义亡我之心不死，圣诞不是你我的节日"……

听得我啼笑皆非——不过就是个带有童话色彩的节日而已，至于吗？！

从真假的角度来说，这世界苍茫，未来他们有几十年的时间去见识什么叫作"现实"，那么，在还可以怀揣一点美好幻想的年纪里，向往做一个被圣诞老爷爷肯定的好孩子，善良对人，这样不好吗？

毕竟，我们这一代已经错过了可以相信圣诞老人的年纪，自然无从在多年后感念于父母每年平安夜里悄然的关怀与浪漫的爱。可幸运的是，我们还不老，还可以和孩子们一起，重新享受一回圣诞老人的宽容与惊喜。

所以，作为一个妈妈，我更看重这个节日背后一些最初源于商业元素，但后来因其动机的美好与行为的善意，而被刻意扩大的浪漫与童心。

我愿意看他们相信圣诞老人的存在。因为等他们为人父母的那一天就会知道——这世界上最棒的圣诞老人，是爱他们的爸爸和妈妈。

那是提前一个月支起的圣诞树，是每当彩带、灯带、漂亮的小挂件铺了一地，我们一起去装点一份梦想的时候，孩子们的欢呼雀跃，好像盛大节日已经启幕。

挂配件的时候，那年即将五岁的叮叮告诉我："妈妈，平安夜的时候，要给圣诞老人准备一杯牛奶。"

彼时正在读小学一年级的咚咚姐姐点头："还要给驯鹿准备八根胡萝卜。"

我惊呆了："什么？为什么要那么多？！"

"因为有八只驯鹿，妈妈，"叮少抢答，"所以要准备八根胡萝卜。"

"哦……可是每家都准备的话，它们会吃撑了吧？"我首先想到的是小时候过年，挨家挨户拜年，不管去谁家都被塞满满一兜糖果的"悲惨"经历——真心吃不完啊！扔了好浪费啊！总要纠结很久啊！

可是没想到咚姐特别认真地反对："不会的，妈妈，不是所有人都知道要给驯鹿准备胡萝卜这件事！"

"为什么？"我持续蒙圈。

"因为只有我们上过学前班的小朋友才知道！是我们学前班老师说的，我们小学里的那个班很多人都不知道！"咚姐笃定。

有那么一瞬间……我竟无言以对……

然后，就是各种下单拍货等快递——收快递——藏快递——半夜拆快递——拿出包装纸重新包快递……

上述流程，做妈妈的人秒懂吧？

其间，两人念叨过无数次圣诞礼物。有时候我在一旁写文章，还能听见客厅里两人聊天。

叮叮问："姐姐，你能猜到圣诞老人给我们什么圣诞礼物吗？"

姐姐说："不知道，但是我好想要那个做饭的东西，唉……"

叮叮："我想多要点磁力片，去年圣诞老人给的磁力片太少了，我想要西西哥哥家那样的一大箱！"

咚咚跑进来："妈妈，圣诞老人知道我们家有两个宝宝吗？他会不会只给一份礼物？"

我特别镇静地瞎扯淡："不会的，他都是走进来看看宝宝多大，再从袋子里挑适合你的礼物留下。"

"他会不会看不到我们家？"

"不会，圣诞树的灯会亮，看见圣诞树他就会爬进来。"

"哦……这样啊……"咚咚姐姐踌躇一下，"那，妈妈，我不嫌叮叮挤了，你还是让他和我们睡一个床吧。不然圣诞老人忘了推奶奶那个屋的门，没看见叮叮，不给他礼物怎么办呢？"

我故作镇定点点头，心里却有些感动——这两人，一天天的没少吵架，可是过不了两分钟又好得像是一个脑袋，尽管秉承"个人恩怨个人化解"的原则我基本不干涉，但看见关键时刻他们永远忘不了对方……大约这就是兄弟姐妹最大的意义？

直到圣诞前一天。

平安夜，我们一起去饭店吃了丰盛的大餐。回家路上，叮叮摸着自己滚圆的肚子说："我这次真的吃饱了妈妈，我想我能睡得很好了。可是我真想看看圣诞老人长什么样子啊！"

我特别认真地告诫："如果你醒着，圣诞老人就不会进来！装也没用，他能看出来！"

咚姐捧场："对！叮叮，你要赶紧睡着，圣诞老人进来看见我们睡着了，就会给我们礼物了。哦，妈妈你不要忘记倒牛奶和放胡萝卜！"

岂止是倒牛奶和放胡萝卜啊——那晚，终于等到这两小只睡着了，可怜的妈妈爬起来，跑到圣诞树下，生生给坚硬的胡萝卜啃出个牙印来，差点把门牙都啃崩了……

所以，做个严谨求实的妈妈容易吗！

那天半夜，不知道是几点，反正突然叮少就弹起来了，摸黑坐在床上问："妈妈，来了吗？"

我从睡梦中惊醒，迷迷糊糊但毫不犹豫地把他摁倒："没来，睡！"

叮少又躺倒秒睡了。

咚姐翻个身，没发言。

但是，清早，天色刚刚亮起来，咚姐就像插电了一样砰地坐起来，果断掀开被子跳下床，直奔客厅……然后，我在半睡半醒中天人交战了一阵，终于还是抵挡不住想看热闹的心情，爬起来睡眼惺忪跟过去，迷迷糊糊地问："圣诞老人来过了吗？"

你能脑补咚姐那兴奋的语气吗？只见她满脸激动地看着我："来了，妈妈，圣诞老人真的来过了！！"

她指着地上敞开口的两个礼物袋，迫不及待："妈妈看，这是我的，这是叮叮的！是做食物的那个玩具啊！还有我想要的电动牙刷，天啊，妈妈，圣诞老人怎么知道我想要什么？真的都是我想要的啊！"

我看着小姑娘兴奋的笑脸，突然觉得半夜里做贼一样啃胡萝卜的经历，真是超值。

还有我们家可爱的奶奶，看着电动牙刷脱口问："这个牙刷多少……"没等我反应过来,她已经硬生生把"钱"字吞回嗓子眼去了!

不能更机智!

这时,叮叮听见响动,袜子都没穿就跑出卧室,看见自己的礼物,嗖地扑上去,两眼冒光地看着自己的电动牙刷、拼装玩具,感叹:"圣诞老人真是太好了!"

……

虽然这是一个总有一天会被戳破的童话,但我的叮叮和咚咚,我还是愿意让你们有这样的幻想,怎么办呢?

姑且,就归咎于你们有一个童心未泯的妈妈好了——她希望与你们分享一些美好的期待、热切的坚持,满足于你们惊喜的笑脸。

所以,当我们说到"圣诞节",是在说什么?

我想,在我们家,幸好也在我整个暖洋洋的朋友圈里,是在说期待、说童心、说陪伴、说喜悦、说幸福感,以及温煦动人的感激和求真向善的美好。

而真正的"文化自信",不过是:你来,你欢乐,你分享,你离开……不阻挠是因为不惧怕,那些融在血脉中的兼收并蓄、和而不同才是我们能传递给后辈的哲思厚礼。

倘若，在童年的时候有童心，在长大之后有独立判断与客观审慎的目光，如此，幸甚。

又想起看过一篇纽约《太阳报》的社论——1897 年，美国一个八岁的女孩帕吉尼娅非常困惑地给纽约《太阳报》写信：

"记者先生，我八岁。在我的朋友里，有的小孩说'圣诞老人是没有的'。我问爸爸，爸爸说：'去问问《太阳报》，报社说有，那就真的有了。'因此，拜托了，请告诉我，圣诞老人真的有吗？"

当纽约《太阳报》社收到这封来信后，立即用社论的方式给以回答，其中最经典的几句，这样说："是的，帕吉尼娅，圣诞老人是有的，这绝对不是谎话。在这个世界上，如同有爱、有同情心、有诚实一样，圣诞老人也确确实实是有的。你大概也懂得吧，正是充满这个世界的爱、诚实，才使你的生活变得美好了，快乐了……帕吉尼娅，你看到过妖精在草地上跳舞吗？肯定没有吧。虽然如此，也不能说妖精是胡编的瞎话。在这个世界上某些看不见的东西、不能看到的东西，绝不是人们在头脑中创造出来的、想象出来的……只有信赖、想象力、诗、爱、爱情，才能在某一个时刻，把它拉开，看到大幕后面的、无法形容的、美好的、闪闪发光的东西……让我们高兴的是，圣诞老人的确存在。不止如此，他大概永远不会死亡。一千年以后，一百万年以后，圣诞老人也会同现在一样，让孩子们的心高兴起来。"

是的，我们愿意相信，不过是因为期待美好。

在童心会越来越远的未来，愿意相信，或许就是我们在这苍茫世界里，不让自己孤独的方式。

而所谓节日，也不过只是个噱头。

是我要借这个机会让你知道：你真好，你被人爱，你值得被人爱。愿你慢慢长大，懂得世事，但温暖如初。

最核心竞争力，是能发现生活之美

倘若，和平年代里，奋斗的终极目的是为了更好地享受生活。那么，最核心的竞争力，一定是"善于发现生活之美"。因为，能找到生活之美的人，会感念自己还活着，还有机会享受，更有机会改变。会感谢自己，宽容且坚强，心中有希望。

一切本来只是个偶然——尽管一直期待，但并没有想到会那么早到来。

那大约是在咚姑娘五岁半、叮少年三岁九个月的时候。

写作或工作时，我喜欢听点吻合情绪的音乐，这天听的，是莫扎特经典歌剧《魔笛》中的选段《夜后咏叹调》。琐碎的工作让人觉得懊恼，于是我把这首曲子设置为循环播放——作为花腔女高音代表作品，整整一个下午，我都在这样高亢华丽的唱腔陪伴下复制粘贴 Excel 表格……（没听过的亲可以手动搜索该唱段，脑补一下当时的氛围。）

都不知道循环了多久，反正我儿子终于忍不住了，跑到我身边来，很真挚地问我："妈妈，你能换个音乐放吗？这个音乐太吓人了！"

我瞬间乐了："少年，你从哪里判断出这首曲子吓人？"

他摇头："不知道，就是特别吓人。"

我看看跟过来的咚姑娘，换了一首曲子播放："听听这个，吓人吗？"

两人站在我书桌边侧耳倾听——其实仍然是《夜后咏叹调》，但歌唱者不再是享誉国际的四十多岁女高音歌唱家，而是一个被称为"歌剧精灵"的九岁天才小男孩，这个孩子用漂亮的、属于孩童的高音展现繁复的花腔乐句，轻俏、流畅，音符快速划过如跳舞的线。

我问："这首曲子，跟刚才那首，是同一首吗？"

两人摇头："不是。"

过了一会儿又犹豫："好像是同一首。"

"吓人吗？"

两人再次齐齐摇头。

我像藏了宝物的孩子那样得意地揭开谜底："是同一首曲子，但是情绪不一样，所以传递出来的情感就不一样。因为唱歌的人一个已经四十多岁，知道什么叫作'愤怒'，而另一个只有九岁，他体会不到母亲找不到女儿之后的愤怒心情。尽管在这个故事里，母亲是想通过女儿来控制别人，但是母亲内心的确是非常愤怒的。所以你们看，音乐里有情绪，是通过表演者传递出来的。"

叮少年似懂非懂地点点头，咚姑娘好像确实懂了一样点点头。

也是从那以后，我们看书、聊天的时候，都会习惯性播放一点背景音乐，有特别适合周末午后的《梦幻曲》，有能看见其中灵动游鱼的《鳟鱼》，也有场景分明的《四季》《新大陆交响曲》……还一起去过一间 Live House，看了一场爵士乐演出。

我不是懂音乐的人，也不会演奏乐器，但感谢艺术学院七年的熏陶和老师们的引导，我渐渐知道艺术之间是相通的：音乐里有丰富的色彩，图画里也有跳跃的音符；文学是想象，是通过读者在脑海中的二次创作唤醒一帧帧画面与镜头，在达成内心共鸣的瞬间，最终完成作者所期待的审美价值。

当然，这样的唤醒尽量不是刻意的安排，而最好是偶然的发现与沉浸——至于原因，你懂的，如果是用上课的形式传递知识或唤醒思考，不仅在家庭内部属于做梦，而且也会挫伤彼此对于"感受"的热情。毕竟，我们希望分享的，是音乐或图画本身的美，而不是强行传递审美符号，对吧？

所以，大约就是因为了这些 BGM 的荡漾，这一年我们一起看《经典咏流传》，竟然能意见一致地找出那些旋律与意境吻合度更高的乐曲。或许这时候他们还说不出理由，但最欣慰的是若我愿意分享所思所想，他们总会听得很认真。或许这当中总有一些情绪无法理解透彻，但相信随着阅历的渐渐增长，我们每个人的认知都在渐渐丰富，直到懂得。

当然，除了我不懂的，总还能撞上我懂一点的。

比如，那面一直没有放电视的客厅电视墙，终于在空了六年之后，被一块 16 ∶ 9 的投影幕布覆盖。

因为弟弟四岁了。

四岁的弟弟和接近六岁的姐姐，视网膜、大脑都渐渐完成发育，进过几次电影院，尤其是姐姐把近几年口碑不错的动画大电影都看了个遍。但是总觉得还少点什么……思来想去，便在家里配备了投影仪。逢周末大家歪七扭八地摊在沙发上，面前摆点咖啡、淡茶、果汁、坚果，美其名曰是"家庭内部艺术沙龙"，呵呵。

之所以选择投影仪，一是因为较之高清晰度的电视屏幕而言，投影仪对视力伤害相对较小；二是因为既能模拟电影院的观影效果，又不像电影院那样禁言止语，方便随时交流（虽然更多时候是妈妈在渲染惊讶表情和投入态度）。

我们从"水墨动画"开始看。《骄傲的将军》《鹿铃》《天书奇谭》《大闹天宫》《聚宝盆》……当然也不乏《小蝌蚪找妈妈》。对于被高饱和度动画画面养大的孩子们而言，它们的视觉技术的确是太老旧了。但这不妨碍我们努力感受从中国水墨画中氤氲出的传统美学气象。

我们还一起看了很多纪录片，有全景纪实的《俯瞰中国》《舌尖上的中国》，也有动物主角的《我们诞生在中国》《帝企鹅日记》《鸟的迁徙》，还有探索太空奥秘的《太阳系的奇迹》《月球之谜》……观看，也感喟，那些知识讲解背后的文化积淀或藏不住的人类情感。

再后来是电影，有动画大电影，也有外文对白配中文字幕——姐姐表示观看无障碍，弟弟连蒙带猜也基本能看懂。我们看《极地特快》讨论世界上究竟有没有圣诞老人；看《丛林有情狼》讨论什么叫作"阶级"，以及为什么我们身边不分"阶级"；看伊朗电影《小鞋子》，从大量俯拍镜头里体会奔跑少年的简单真挚，以及上帝视角下的怜悯与动容……我适时分享，你无须尽然理解，只要尽力感受，即可。

而每到这时，我最幸福的瞬间，大概就是在我用疑惑或真诚的表情提问时，那两张抢着替我解答疑问的、认真的小脸蛋。
他们特别害怕妈妈看不懂屏幕上的情节，于是很努力地梳理
思路、概括剧情或表达观点。他们渐渐知道了什么叫作"叙
事节奏"，了解了"伏笔"在叙事结构中的重要性……我不
知道将来他们会不会也走上写故事的道路，但我觉得对于"细
节"保持一定敏感度并不是坏事，因为哪怕终生只是一个"观
赏者"，那么做一个看得懂"门道"的内行，显然要比做一
个只能看热闹的外行充实幸福多了。

是这样的，音乐、美术、戏剧、文学、装置与陈设、镜
头的拼接与组合，这些是艺术之美；微观镜头里一朵花的绽
放、从望远镜看外太空冷艳的星辰、小时候用子母板勾勒的
繁花曲线，这些是科学之美；山顶的云海、澎湃的河流、一
蓬清泉的汩汩、深山藏古寺的悠然，这些是自然与文化之美；
屋角终于绽放的一丛花、第一次做就大获成功的一道菜、深
色沙发上新添的艳丽靠垫，这些是生活之美……而所有这些
对"美"的感知，都是"美感"的一部分。

就像我自己是不懂任何表演艺术的妈妈——或许，很多
人都是。

可是这有什么关系？知道多少就分享多少，不知道的可以一起钻研。只要我在你身边，只要我们是在手牵手，一起往"美"的世界里走。

不会创作艺术，也可以一起欣赏艺术；酷爱阅读，就肩并肩坐在一起，于阳光晴好的午后沉静地与文字背后的灵魂对话；爱好美食，可以在周末闲暇时一起做饭，边准备食材边聊聊天；爱好远足，可以在路上寻觅风景，看见更大的世界与更多的美……所有这些形式各异的"享受"里，最重要的，其实不是张望和期待，而是"陪同"。

是陪他们认真观看、耐心体会，从中捡起那些散落的珍珠，无论是一本故事书，还是一部本以为幼稚的动画片；是倾听他们的认知，引导他们梳理思路，像聊天那样谈感想，无论看到什么、想到什么，都是思考后的收获；是我们努力不留说教痕迹，但的确是刻意引导的分享；是那些对美的挖掘，是那些对真与善永恒不变的追求。

世界那么大，"美"不是单一形式，而是散落在不同角落里的不同碎片。无论我们沿哪条路前行，都希望能在奔往"目标"的途中，多上"审美"这一项。因为，未来，与熟练的技能相比，更要紧的是有一颗丰盈的心——要知道，一个能从生活的细节中挖掘"美"的人，常常会比其他人更感念"幸福"的存在。他们会因为一朵花、一首歌、一个漂亮杯子的美而动容，会留恋这个世界，会尊重爱，也尊重生命本身。

作为一个妈妈，我不求我的孩子成名成家，我更想看见他们健康、丰沛、积极、从容地生活。希望他们既能在奋斗中找到学习、思考、进步的趣味，又不会被孤注一掷的奋斗所伤害；既能懂得享受生活的意义，又不会因为沉迷享受而堕入"以随遇而安为托词的懒散"或是"以淡定为借口的抑郁"。

所以，每个妈妈，一定是花费了大量心力，才渐渐悟懂——"审美教育"最大的意义，并不在于会穿搭衣服、会装点家居，而是在这些穿搭、装点、欣赏、品味的过程中，因为靠拢美而善待生活、他人与自己。

路长，有顺风顺水的一段，就有跌宕起伏的一段。我们得走着走着才知道，会苦中作乐的人，不是情商高，而是有涵养；不是掩耳盗铃，而是善自珍重。

倘若，和平年代里，奋斗的终极目的是为了更好地享受生活。那么，最核心的竞争力，一定是"善于发现生活之美"。

　　因为，能找到生活之美的人，会感念自己还活着，还有机会享受，更有机会改变。

　　会感谢自己，宽容且坚强，心中有希望。

陪伴的安全感，其实是相互的

我们所有陪伴与启发的最终目的，不过是为了唤醒他自己。唤醒的是主动思考，也是主动判断。最终，是他作为一个社会人，能够主动承担——无论性别，只有当他成为一个能够承担责任也勇于承担责任的人时，才有可能站直了，立在这世间。

说一点因为痛心而突然想到的话题。

在本书将要完稿的这个春天，我从团中央的微信公众号上看到一篇文章，标题大致是"六岁女童撑伞跳楼，动画片成为孩子的夺命片"，一惊，看内文，却看见了更多触目惊心的案例——安徽芜湖，六岁小女孩从13楼纵身跃下，是为了模仿动画片里用小花伞做降落伞；乌鲁木齐五岁女童学动画片里的样子从11楼撑伞飞下，摔成重伤；连云港八岁男孩模仿动画片里的情节"绑架烤羊"，把两个小伙伴绑在树上点火，造成严重烧伤，其中五岁的弟弟烧伤面积达到全身的80%；十岁的姐姐翻出一把电锯，模仿动画片里使用电锯的样子，锯开了妹妹的鼻子和右脸……

作者痛心疾首："好的动画片是孩子童年的美好回忆，也是孩子认识世界的窗口。但坏的动画片却是把孩子引入罪恶深渊的刽子手。"

文章末尾给出了若干建议：呼唤动画分级制，倡导家长对动画片进行预先筛选，对动画制作加大监管力度，通过有效宣传呼吁家长抵制低俗动画……

都没错。

可是，又分明有什么地方，不太对。

比如，这只是动画片的责任吗？

再比如，家长能够参与的部分，只是筛选动画片吗？

带着一些不确定，我特地跑到客厅去问六岁的幼儿园大班叮："少年，问你个问题，你说我们可以撑着雨伞从楼上跳下来吗？"

彼时叮少年刚从幼儿园回家，正在认真地玩小颗粒积木，他姐坐在他旁边，在看一本漫画书。听到这个问题，两人一起抬头，满眼都是震惊，我只好重复了一遍这个问题。

叮少年瞪大眼睛，用看傻子一样不可思议的眼神看着我："当然不能，会摔死的！你在想什么啊，妈妈！"

咚姑娘扑哧笑了，她觉得自己已经在最短时间内 get 到了她妈一贯不靠谱的点，哈哈大笑着答："可以的，妈妈，你撑着伞从一楼跳下去，绝对摔不死！"

叮少年一脸的恍然大悟，也哈哈大笑起来："哦，对，从二楼跳下来也摔不死，不过有可能摔断胳膊和腿！"

我翻个白眼，没好气儿："对，你们还可以从窗台上往屋里跳，多少层都摔不死！"

"哈哈哈哈，妈妈你太聪明了！"两个熊孩子在沙发上笑翻了。

好多只乌鸦从我脑袋上方飞过——我什么时候说这是脑筋急转弯了啊少年们！这是一个严肃的话题好吗！！

我把歪了的楼扶正："是这样的，我刚看了一篇报道，说是有小朋友模仿动画片里的场景，撑着伞从十几楼跳下去了……"

我巴拉巴拉地形容了一下以上案例。

咚姑娘和叮少年不停地发出惊讶的抽气声。

末了，我还是有点不放心地企图确认："你们知道动画片里很多场景是假的吧？"

叮少年白了我一眼："当然知道啊！"

回答完了，他好像突然抓住了重点，问我："你刚才说的那些小孩，都多大？"

我叹息："有的五岁，有的六岁、八岁、十岁。"

"那他们还不知道动画片里是假的？叮叮都知道！"咚姑娘表示很怀疑。

"对！对！"叮少年面孔严肃，伸出一根瘦骨嶙峋的手指头比画两下，"从楼上跳下去的时候，有地心引力，伞不行！"

"那床单行吗？"我惊讶于"引力"这个词儿。

"也不行，"他斩钉截铁回答完了，却苦恼于如何解释自己理论，想了一会儿才答，"你会抓不住的，风会吹走床单，你就掉下去了！床单又不是降落伞！"

"那降落伞行吗？"其实我才是"十万个为什么"好吗！

"呃……"少年呆滞了，片刻后摇头，"不行！"

"为什么？"妈妈继续做好奇宝宝。

"因为降落伞都是要从很高很高的地方跳下来的时候才能用的，普通的楼太矮了，"叮少年用手给我比画，"时间不够！在伞打开前还是有引力的，人还是往下掉的……"

咚姑娘实在受不了弟弟的啰唆，补充："就是打开降落伞需要时间，楼太矮的话，还没等伞打开，人就掉下来了。"

我终于忍不住松口气。

就这么一会儿，叮少年还特地跑到书架边，给我拽出几本叫作《揭秘人体》《揭秘物理》《地球》《这不可能是真的》之类的科学绘本，唰唰唰地翻，先找到了讲"不同行星的不同重力"的那段，再找关于跳伞高度的那段——半文盲指着图片告诉我："看，人是从这里跳伞的，几千米的高度。我们班同学×××就知道，我们上次还一起说过这个事。×××说他妈妈带他去看过航天展，他家还有一本特别大、像桌子一样大的飞机书，我也想要那么大的飞机书，妈妈你也给我买一本吧？"

他眨巴着长睫毛看着我，我忍不住笑出来，说："好！"

我想，或许很久以后，小小少年们会知道对极少数受过特别训练的人来说，床单也可以用来降落逃生，以及降落伞打开前和打开后引力都一直存在，但那是更宏大的知识体系才能涉及的问题了，他们目前要掌握的，更多还是"掌握知识"与"守护安全"之间的关系。

以及，我要谢谢叮叮和咚咚赋予我此刻"长舒一口气"的释然感受，也要谢谢他们所提及的同学、好友的父母——这样一些并肩战斗在科普第一线的战友，让我愿意相信，很多孩子是知道"艺术来源于生活又高于生活"的。比如，动画片里的场景很多都是夸张到失真的，就像撑伞跳楼会致死一样，王子亲吻一下也是无法死而复生的。

尤其是伴随时代的进步、社会整体文化水平的提升，更多的家庭与父母开始越来越重视学校教育之外的家庭教育，也越来越在意家庭教育的内容是否全面、成分是否均衡。但又不能否认，就像社会高速发展进程中势必出现的不平衡、不均等一样，在摸索进步的道路上总会有这样那样的遗漏、疏忽，甚至为此付出巨大代价。

没有人愿意新闻里的悲剧发生在自己孩子身上，那么反过来说——自己的孩子，自己总要负责的。

毕竟，我们常说的"有效陪伴"想来并不是传统意义上的"看孩子"那么简单——在确保孩子们吃饱穿暖的基础上，如何引导他们丰富基本知识体系，如何接纳他们的情绪表达方式，如何让他们也愿意接纳父母的情绪与建议，如何让他们觉得坐在身边的父母是自己的亲密战友而不是局外人……这些，都不是一日之功，也不是简单命题。

所以，有些悲剧，并不全是动画片的过错。从审美角度来说，夸张与变形本来就是动画这种艺术形式特有的艺术规律与创作手法，我们不否认在追求流量与收视率的背景下，的确有动画作品缺乏制作过程中的监管，但即便是有了动画分级制，某些必要的渲染与夸张也仍然会存在。"因噎废食""一朝被蛇咬十年怕井绳"的最终结果除了伤害艺术创作，何尝不是同时伤害了孩子的基本免疫力——有谁，真的可以在无菌的环境里过一生？

至于对策，文中关于家长陪同观看、鉴别、筛选动画片的建议初看都没错，但倘若某些动画片已经成为儿童社交团体中的流行符号，关乎他们内部交流时的话题热度，那么家长的贸然阻止就会变成两代人发生分歧、争吵哭泣的源头，这是"治标不治本"。

事实上，这个问题的关键，仍然在于有效陪伴。

因为真正的有效陪伴，其实是一种相互填补：填补彼此的知识空白，填补彼此对于对方的客观认知，填补互相之间的信任感，填补因为友善沟通和足够了解而产生的安全感，然后托相互了解的福，在相互试探的过程中，可能会有争执，但也在不断确立规则、启发自我。我们会随时了解面前小萝卜头的性格或知识短板，而他也会因为信任和依恋，愿意吸收我们传递过去的补充信息，并最终做出相对科学的自我抉择。

说到底，当知识体系日益完整，孩子对事物充满好奇却也了解规则，同时，家长适度放手、观察跟进……这样长大的孩子，即便说几句"臭狗熊"或看到动画片里的那把飘荡的小花伞，也并不会真的撑了伞跳下楼。

而这种踏实的相信，就是孩子这种懵懂的生物，给予父母的安全感。

因为知道，所以确信。

至于"确信"，最大的好处或许在于——只有当他们相信父母和自己是"一国的"，那些懵懂的揣测、不确定的恐惧才有倾诉的出口。

尽管，不是每个人都能遇到可以成为舆论热点的新闻事件，但我们的生活中又充满这样那样的小威胁、小挑战、小困惑——它们的叠加，看起来不过是些小事，如若没有解决的出口，却可能摧毁一个孩子倾诉问题的勇气、解决问题的逻辑，甚至活下去的动力。

比如，霸凌的初期，多是威胁与偶发恐惧；性侵的起始，不乏暧昧的试探或"看上去不妥又不知到底哪里不妥"的异常；虐童的开端，可能只是"某个老师好凶"所带来的"我害怕"……

倘若，因为那些有效陪伴的叠加与日常沟通的坚持，我们不仅能看到孩子的知识短板，也能看到孩子细微的情绪变化；

因为安全感和信任感的逐渐建立，我们能在静候他们的犹豫、迟疑之后，听到磕磕绊绊、结结巴巴的解释；因为能够在不带有预设观点和偏见的交流中梳理事件的前因后果或孩子的纠结想法，我们最终可以引导那个小小的人儿做出相对适当又不会让他自己过于不甘心的决定……

这一定就是他们给自己的安全感，也是给我们的安全感——当我们把许多时间花在前面，当我们能够看见他们的精神成长与生活独立，我们就不会一直到他们读中学、大学甚至毕业后仍然不放心这个长不大的孩子。

诚然，这不是一条好走的路，它伴随着更为漫长的观察过程与随时随地的思考过程——可能，是引导十个月的婴儿倒向爬到床边再伸腿够地并从此学会避免被摔的实践行为；是一两岁后不仅一起看故事绘本还一起看昆虫、动物、交通绘本甚至慢慢过渡到科学书的宏观认知；是三四岁后一起走出去看看更大天地从而感受个人渺小的世界观养成；是不断互相学习、互相关注、互相启发所形成的信息补充；是在此后越行越远的成长中通过拉紧彼此的手而形成的顺畅沟通渠道……

但，它仍然是我们必须要走的路不是吗？

毕竟，我们所有陪伴与启发的最终目的，不过是为了唤醒他自己。

　　唤醒的是主动思考，也是主动判断。最终，是他作为一个社会人，能够主动承担。

　　无论性别，只有当他成为一个能够承担责任也勇于承担责任的人时，才有可能站直了，立在这世间。

　　而我们，才能真的安下心来。

　　感谢陪伴。

　　感谢放手。

别人家的小孩和别人家的妈妈

一个孩子，首先也是一个独立的"人"。他会有独立的品格、独立的喜好、独立的观念、独立的判断，他不是我们用来炫耀的勋章，更不是我们用来承载自己梦想的工具。或者说，他是我们生命中至关重要的一部分，但不是全部。

这年夏天，一首相当魔性的歌曲借由一档相当火的综艺真人秀节目开始刷屏——

别人家的小孩 / 妈妈每次提到他们就火力全开 / 学习好 / 语数外政史地当课代表 / 不得了 / 什么都第一 / 他们是最无敌最无敌 / 灭霸的存在 / 别人家的小孩 / 全世界第一可爱 / 打赢一个 / 无数个又出来……

没错，就是那首《别人家的小孩》。我带着叮叮和咚咚在家里开着伴奏又唱又跳的时候，每唱到那句"孩子你是最棒的"，我们仨就会深情凝望彼此——无他，只是因为，我们彼此都知道，这是我们的心里话。

　　因为我曾左拥右抱着他们，心满意足地说过："都说别人家的小孩最好，No，No，No，我觉得我的咚咚和叮叮就非常好！"

　　小孩子多聪明，能听懂你的语气是真挚还是做戏，他们哈哈笑着往我怀里钻，咚姑娘笑眯着眼睛问："妈妈你说我们哪里好呀？"

　　我揉着小怪兽们的脑袋："我的咚咚，说到做到讲信用，做事认真不敷衍；我的叮叮，心胸开阔不计较，热情待人心眼好。"

　　他俩笑翻了。

　　我认真看着他俩的眼睛，补充："你们还有一个特别了不起的优点，可能你们自己都没注意到。"

　　他俩瞪大眼："啊？什么？"

　　我说："你们还记不记得，那天你们听表姐弹钢琴？"

　　说来这是个有段时间的故事了。那是某个傍晚，叮叮和咚咚放学回家，开了 iPad 跟远在另一个城市的表姐视频。表姐比咚咚大一个月，所以三个人聊得很投机，聊着聊着就聊到了作业以外的训练任务，比如咚咚的书法作业、叮叮的英语对话还有表姐要练的钢琴。

　　表姐就说："咚咚、叮叮，我给你们弹段琴吧。"

　　两人点头，表姐就坐在钢琴前弹出一串流畅的音符。我路过的时候看到了，小声赞叹："弹得真好啊！"他俩比画一个让我别说话的手势，待表姐表演结束，两个人对着屏幕鼓掌。

　　吃晚饭时，我有点艳羡地问："表姐弹得好吗？"

　　他俩齐齐点头。

　　我说："其实我真的觉得女孩子学个钢琴特别好，咚咚你要不要学？"

　　咚咚思考了几秒钟："不要。"

　　我纳闷："为什么？"

　　咚姑娘很笃定："因为我有别的喜欢的事情，我不喜欢学钢琴。"

　　我不死心："学钢琴的话，如果有需要的社交场合，可以表演给大家看，是很美好的一件事情。而且懂音律的人，会更有助于创作，也能更好地享受一些细节之美。"

　　"那我也不喜欢，"咚姑娘严肃地看我一眼，"我做我喜欢的不可以吗？"

　　"可以可以可以！"老母亲疚了，赶忙点头。

　　那之后不久，咚姑娘又兴高采烈地回家说班里某某同学要去参加国际象棋比赛，并特别注明这位同学是"大师级"，一副与有荣焉的样子。我叹口气："所以你真的不学国际象棋对不对？”

　　“对，”她看看我，对我的提问感到不解，“我不是有很多别的事情要忙吗？”

　　“对对对，”我又怂了，“您忙，您忙。”

　　……

　　所以那天，我告诉八岁的咚姑娘和六岁的叮少年：“你们很重要的一个优点，就是能尊重别人的长处，不忌妒；也能享受自己的爱好，不炫耀。你们清楚自己喜欢什么，愿意坚持，也不会轻易被别人表现出的那些华丽的技能诱惑而抛弃自己原来的爱好，这是了不起的品质。是对别人的宽容，也是对自己的宽容。”

　　咚姑娘听懂了我的话，羞涩地笑了；叮少年大约也听懂了，咧开了嘴巴，笑得颇为直率。

　　我没说的是，在我看来，养孩子这种事跟谈恋爱是一样的，既然都有试探相处的“磨合期”，那就永远没有“最好”，只有“最合适”——因为是我一手带大的孩子，我们彼此都很清楚对方的习惯与底线、知道每一个表情背后的含义，所以许多事，正反论证就可以，用不着硬碰硬。我们都不是最好的妈妈和最好的孩子，但我们彼此“合适”。

　　说到这里，想起上次说起这个话题时，曾经有人说："那是因为你的叮咚就是很优秀啊。"

　　我笑了，因为按常规标准来说，我的叮叮和咚咚，他们并不是两个多么出类拔萃的孩子。

　　从小，如果说咚姐姐还算是个天使宝宝，让我因此有勇气生二胎，那么叮弟弟就是典型的高需求宝宝，从甫出生乳糖不耐受开始，一路哭着喊着把姐姐给我们省下的心又都补回去了；长大点，姐姐虽然专注力好，但性格内向、交流不畅，弟弟虽然是个小话痨，但专注力差、坐不住，而且这两人是一样的磨蹭、丢三落四，东西从哪里拿的永远记不住放回原来的地方去；再大些，所有适合"展示"的才艺都不具备，没有学过奥数，英语还在拼读阶段，很多"别人家孩子"会的，他们都不会；倒是会发小脾气，一撇嘴眼泪哗哗往下掉，要辛苦练字的时候抱怨连连还不耐烦……

　　但那又怎样呢？

　　高需求，其实也有一万种方法逐渐干预，直到变成小天使；借合适契机影响，性格内向的姑娘也渐渐学会与人打招呼，游乐场里总能很快结交新朋友；坐不住的小男孩快熬不住时多变换几种方法总能协商一致，从"坚持坐 5 分钟可以奖励一颗糖果"到"坚持坐 15 分钟可以看 10 分钟动画片"，就这样循序渐进；既然磨蹭就早晨提前半小时放音乐，赖个床伸个懒腰哼唧一会儿仍然可以前几名到校；说到爱好，内向的咚姑娘从默默列故事提纲开始自发学会记课堂笔记，话痨叮研究机器人时认真的表情帅破天际；发完小脾气被批评了会一边认错一边哭着求抱抱，每次谈判达成共识会开心地说"谢谢妈妈，妈妈最好了"……

所以，与其说我希望他们成为"优秀"的孩子，不如说我更希望我自己能始终看得到他们优秀品质里的闪光点。

谈什么"别人家的小孩"，我们家的小孩就是最棒的！

大约也是因为小怪兽们接收到了我诚挚的表白信号，所以对他们来说"别人家的"就是一个很搞笑的梗。周末，咚姑娘收拾包包准备去上英语课时，叹息着跟叮叮讲："又要去上课了，唉，所以说妈妈还是别人家的好啊！"说完，两个人一边看着我一边笑成一团。

咚姑娘还会悄悄告诉我："妈妈，某某某跟我说'你妈妈真好'，说你都给我买很多漂亮文具，她妈妈都不会给她买。"

我哭笑不得："那是因为她妈妈刚生完二宝，还在家坐月子，再说平时工作忙也没空带她逛商店，你们这判断标准忒怪异。"

咚姑娘笑了："上次某某某也说'你妈妈真好'，因为英语班下课后你请我吃了肯德基的冰淇淋，他妈妈不让他吃冷饮。"

我简直听不下去了："大姐，咱能主旋律一点吗，你能主要铭记一些我的光辉品质吗？"

咚姑娘哈哈大笑。

唉，虽然这两个小孩的立场和关注点屡屡出现问题，但还是觉得很贴心怎么办！

其实许多人都说养孩子累。是啊，小时候吃喝拉撒、生病反复，入学了辅导作业、考试复习，长大点得学会自我保护，更大点有升学考试、专业选择……老母亲为他们花着买白粉的钱，操着卖白粉的心，还怕自家大白菜被不懂事的猪拱了。

我们把心思都倾注给了他们，又把多少留给了我们自己？

大学毕业十年后，我们当中的许多人都从 CET-6 的水平跌到了 CET-4 甚至 CET-2 了吧？说起来当年死记硬背的书本知识忘了也就忘了吧，但那些吐故纳新的新知识、能够打开格局的新信息，又摄入了多少？时间在往前走，倘若我们往后退，又有什么资格指责自己家的小孩不如别人家的小孩？

毕竟，别人家的父母在读书、思考，甚至进一步求学的时候，我们自己在做什么？

律人恕己——恐怕这才是别人家的小孩能够成为一则传说的原因。

因为一个一直在往前走的爸爸 / 妈妈，自然能理解今日世界这飞速更迭的信息、能够对浮躁舆论里的事件客观评判、能够对眼前的优秀表示赞扬却冷静对待、能够用绵长的言传身教等一个唯有时间才能验证的结论——毕竟，九年义务教育的优秀、高考的优秀、大学的优秀、工作岗位上的优秀都是暂时的，都无法代表或预言一个人的一生，若真想判断一个人"优秀"与否，恐怕要到盖棺方能定论。

孩子，是我们今生的另一个爱人。

所以，爱他，得让他知道。

为什么爱他，也得让他知道。

让那些爱，都有确凿的出处。让那些出处，会成为他们心甘情愿的路径，而不是在苦口婆心洗脑下，无奈的妥协。

因为一个孩子，首先也是一个独立的"人"。

独立的人，就会有独立的品格、独立的喜好、独立的观念、独立的判断，他不是我们用来炫耀的勋章，更不是我们用来

承载自己梦想的工具。或者说，他是我们生命中至关重要的
一部分，但不是全部。

　　那么，试着放下"别人家的小孩"吧，焉知你不会成为
"别人家的妈妈"？到那时，兴许，我们最先收获的，是"我
们家的我自己"！

最好的时间，勿忘温柔待己

享受那些在一起的时光吧，如果渐渐可以转化为我们相互间的陪伴，抱怨会少，珍惜会多。而这一切，不过是为了成全一个开开心心的自己——最好的时光，用来温柔待人，亦要温柔待己。

晚上十点半，听着身边两小只均匀的呼吸，我惯例是要去微博、微信上看看今日的留言。也巧，最近的留言，好像说好了一样都是类似主题——

"叶姐姐，一直关注你的状态，我想问问孩子是你自己带吗？两个孩子，还要上班，还要开书店，还要写书，你怎么忙得过来？"

"叶老师，我是一名小学教师，也是两个小孩的妈妈，我太累了，我想跟您说说，我觉得我疲于奔命，再不发泄就要抑郁了。"

"师姐，您可能不认识我，我是您的小小小小师妹，想冒昧地问一句，您寒暑假带孩子旅游的时候，都是您一个人带两个孩子吗？可是为什么我一个人带一个孩子出门还觉得手忙脚乱？"

"萱姐，您有没有什么时间管理方面的经验，可以分享给我一点吗？自从我爸生病住院动手术，我现在在医院、单位、我家之间疲于奔命。"

……

隔着屏幕，我好像能看见咚咚和叮叮还是那么小小一坨的时候，我作为机关大院里的小公务员，刚好在繁忙的文字材料与信息岗位，白天上班，周末经常加班，逢省级以上会议必分在需要驻会的综合材料组；而叮叮和咚咚年龄相差小，一个生病另一个必传染，一个快要康复另一个二轮交叉感染倒下；后来转行去高校，新课多、科研任务多，虽然在时间安排上多了些自主性，但他们的爸爸常年不在家，我忙着照顾孩子，书稿合约到期就只能推迟，一推再推最后不得不撤销合约；我的外婆住院时咚咚不到一岁，我没法赶回去照顾，只来得及送她最后一程；我爸退休后赶上我刚转行、咚姑娘刚入学，那段时间我忙得天昏地暗，还没陪他多久他就突发急病，我在 ICU 门口守了七天，最后只来得及亲手给他办理后事……

　　我们这一代人，是儿女唯一的父母，也是父母唯一的儿女。

　　小时候，独生子女受到的关注总是要更多一些，似乎意味着更多的零花钱、更多的宠溺，当然也有全社会更多的质疑——他们叫我们"小太阳""小月亮""温室里的花朵"。行吧，反正三十年过去，我们真被现实训练成了"白天上班，晚上看孩子，等孩子睡着了再加班"的全天候小太阳，以及父母生病孩子也生病时"夜间急诊、内科病房、儿科病房不间断轮转"的万能小月亮，并且眼见着就要开成一朵"永生花"了。

　　天道好轮回，苍天饶过谁？

　　我有一个亲密的记事本——从大学一年级到现在，近二十年的时光里，记事本换了无数款式、厚薄，但始终都有那么一本，同进同出，如影随形。

　　我好好地存放着用完的那些，偶尔收拾房间时会取出来看看。

　　曾经，是每天要完成的作业、要看的书、要写的文章、要兼职的地方的排班，那时我是个大学生；毕业了，记事本从一周一页变成一天一页，因为要写满密密麻麻的工作安排，从早晨开始，先维护网站，然后编发文章，刊物的二校完成后要和印刷厂对接图片修改，联系会务事宜，打不下十个电话下通知，修改反馈回来的领导讲话，那时我是个职场新人；再后来，记事本上除了工作安排，还多了上午给学生上专业课，下午回市区开家长会，傍晚做好饭再去电视台录节目，晚上回家后给女儿的作业签名、填写某校调查问卷，周末小长假带孩子们回老家看姥姥、摘樱桃……

这其实只是记录。

记录，是为了预先提醒，不忘记。

学校里的会议通常会提前一两天通知，媒体的采访、录节目也会提前约，翻开小本本看记录，只要是有"提前量"的事情，都在约时间的环节就早早凑到一起"合并同类项"——驱车三十公里去学校上课或开会的那天，捎带给毕业生看论文、给工作室的学生开会安排实训项目、和要好的同事约个饭、作为被采访人配合学生完成一个音频采访作业；有人约了上午在书店谈项目，那天就约店员开会敦促一下从图书退换货到作家分享会的若干事宜，中午和合伙人开午餐会，约另一个项目负责人三点来谈四点结束，不耽误四点十分去学校门口接女儿放学……

"集中办公"是多身份背景下的不得已而为之，也是一切走上正轨后的按部就班，是因为有了同事们的相互关照与支持，也是因为工作室的学生们快速进入角色，以及书店里有非常能干的合伙人、店长、店员……每个新身份开始之前，都一定有一段混乱期，混乱到你特别后悔为什么走上这条路。然而渐渐地，随着熟悉、了解，一切变得秩序井然。虽不乏突发挑战与障碍、常见难缠的人与鸡同鸭讲的事，但你终究会一一化解。

其实，真正的来日方长中，更常见还是"职业女性"与"宝宝妈妈"之间的身份转换吧，是预先分类、集中办公之外的"当日排序"。

每天，琐事那么多。要写作、要备课、要写课题申报表或结题报告书、要陪孩子学习、要阅读做笔记、要做饭做家务……管理学中有个时间管理的"金字塔法则"，大约是说先做最紧急的事情，再做相对重要但还不是特别急的事情，最后再做比较常规的事情。其实，我倒是觉得，各人情况不同、需求不同，那么找到属于自己的"金字塔法则"才是正经。

比如，作为两个几乎同龄娃娃的妈妈，用脚指头都能想出来他们的相处模式——前一分钟还好得仿佛连体婴，下一分钟就吵得鸡飞狗跳，在一片鬼哭狼嚎中，金字塔都能被震塌了。

所以，我的排序准则有两条：一是"紧急性分类"，那些要尽快上交的材料、马上要截稿的书稿、女儿学业过程中需要配合的亲子事项，这些都要尽快完成，不仅因为这是一个员工与一个妈妈的自觉，也是希望我的孩子们能尽可能成为一个不拖拉的人；二是"专注度分级"，比如写作，是一项需要安静、需要全身心投入的事情，那么就在不用授课的上午或下午时间完成，而各类烦琐表格、需要协调的活动策划或微博微信编辑，可以在陪叮叮和咚咚上晚自习时完成，也可以在他们去上辅导班时，在辅导班对面的"开封菜"菜馆完成……总之，紧急的在先，不紧急的在后；怕吵闹的在工作日白天，不怕吵闹的在晚上或各种见缝插针时。

所以，我最亲密的工作伙伴，是小巧的 Macbook Air，它跟我爬过玉龙雪山、到过喀纳斯湖，也跟我蹲守过每一段辅导班门口的时光。六年过去，薄薄的随笔集写了三本，各种PPT课件、文字材料做了无数，它键盘上的字母都被磨掉若干……可是我们每天互相碰触的时间，依然比配偶多。

忙吗？

忙。

但不觉得特别累，因为更多的还是"充实"——那些忙碌过程中的所思所想所学，那些更加开阔的世界和更多的朋友，那些讲台内外教学相长的恍悟，都是满满的幸福感。

能够有机会做你愿意做的事，并且还因此获得尊重或一些报酬，这已经是世界上最好的职业或最幸福的事业了。

所以，为了保持这些难得的幸福，总还需要一些隐约的准则，小心呵护我们自己，以及那些幸福的底线。

比如，"尽量先做那些对需要我的人而言无可替代的事"。是啊，我有点薪酬、有点稿费，但也不是多么富裕的有钱人。至今住在市区里有二十年历史的二手房，因为房贷压力不算太大，所以可以请人来帮我照顾家政。又因为老房子多在市中心，所以上下班路上、接送孩子途中耗时都不多，让我能省出时间写作、尽量多地陪孩子们玩耍、给他们做几道他们认为只有妈妈做才最好吃的菜……对爱我的读者和我的孩子而言，这些，都无可替代。

再比如，"坚持劳逸结合，预留弹性空间"。日常高效的工作本就是为了让假日真的起到"休息"作用——下午四点后、夜晚十点前，以及周末、假期，这些都是宝贵的亲子时光，偶尔占用可以，但尽量不被工作干扰。我们专注玩耍，相互陪伴，只有高质量的休息，才能重新投入高质量的工作中。

至于所有那些工作目标的设定，都不是按照每周五天，而是按照每周四天设置的，因为给自己一点转圜的余地，才不会被自己设定的压力束缚到窒息……而真正坚持下去会发现，其实，能一周坚持四天的事，也已经甚为难得。

还有，"尽量使时间效能最大化"。既然我每周都要去书店处理事务，那么就尽量选在叮叮和咚咚放学后，或是有分享会的那一天——我工作的时候，咚咚和叮叮可以坐在书店里看看书，或是在分享会现场，听儿童文学作家讲讲故事背后的故事。既然要写作、策划图书，那么我和我的学生就是一个策划编辑团队，我们一起在具体项目中了解写作流程与市场需求，有了渐渐成熟的审美和为读者考虑的思路，掌握了具体技能并据此撰写论文，最终实现我们的"产学研一体化"……当"事半功倍"成为可能，我们才会有更多时间用于享受生活。

而"发挥多子女在陪伴上的主动性"这条准则，大约适用于有两个以上宝宝的家庭中吧——其实这是对妈妈的解放，也是对孩子们最负责的期待，因为他们渐渐在互相陪伴中学会宽容和适可而止，仍然常常有争吵，但持续时间不长，甚至很少需要父母出面协调；他们渐渐了解什么是对自己负责，会言出必行、相互监督，会帮家人分担家务，会自己检查作业，会主动预习复习，会寻找兴趣爱好落脚的地方，会成为你的陪伴与依靠。

是的，陪伴与依靠。

小时候，那两个比狗狗要好玩一些的小孩，从襁褓里咿咿呀呀的新生命，到后来童言童语闹笑话，其实一直都是妈妈的小玩具。妈妈爱玩，而他俩很好玩，所以一直也没觉得他们烦。

长大一些，会陪妈妈去吃喜欢的鱼生，也能坐马扎一起撸串；能一起去电影院看电影，也能揣上机票说走就走去旅行……他们是妈妈的小伙伴，因为能陪妈妈玩，所以更加被需要。

就这么玩着玩着，他们渐渐长大了。

我们在彼此都要倾注时间的互相陪伴中，了解彼此的规则。

比如咚咚一个人闷在房间里关着门写作的时候，要敲门进入，且不要偷看咚咚的作品；叮叮的乐高作品是神圣而不可侵犯的，不要乱动，不能弄坏，掉一颗他都会哭给你看；凡事可以讲道理，只要能被叮叮和咚咚信服，一切都好说，只要他们答应的，基本都能做到……也可以不睡午觉，但必须注意的是如果此时妈妈在睡午觉，那么叮叮和咚咚必须蹑手蹑脚，谁如果吵醒妈妈，后果会很惨很惨；妈妈赶稿子或备课时尽量不要吵闹，因为"工作"和"学习"一样都是要专心致志对待的事情；跟妈妈出门就算走累了也别指望她抱，遇事可以协商谈判但绝不要幻想撒泼打滚……

我从他们身上获取快乐，也给予相应的物质支持；我陪伴他们长大，他们也给予我同样的陪伴；我当他们是独立个体，凡事征求意见，他们也渐渐学会顾虑我的想法与爱好；大家有平等决策权，凡事有商有量，有人被照顾就有人学会妥协，一旦做出决定就不要反悔，更别想耍赖皮——说到底，大家谁也不欠谁。

故而，从没有觉得他们是我生活的负累，因为所有那些辛苦，都已经用他们对我的陪伴折抵；也没觉得他们占用太多我的时间，因为预先做好安排，单位时间的效能可以成倍扩大。

直到，他们开始参与到我的工作里来，成为我不可或缺的小助手：如今，他们是我书店整理书架的小店员，也是我备课时视频课件的欣赏者，是我微信公众号的内容提供者，是我剧本、小说的第一任读者，目前正在做一本英文绘本的翻译者，未来还会是我编辑童书的写作者与校对者……当我们享受在一起生活、工作的时光，当我们各有能力照顾自己又尊重对方时，便不会觉得累，只会觉得感激。

感谢上天，让你走入我的生命里来。

所以，享受那些在一起的时光吧，如果渐渐可以转化为我们相互间的陪伴，抱怨会少，珍惜会多。而这一切，不过是为了成全一个开开心心的自己。

最好的时间，用来温柔待人，亦要温柔待己。

享受每一段未知的旅程，哪怕时有坎坷，但幸好这一路上有他们。

幸而相逢。

问 答

那些因爱而生的焦虑

——以下问题，皆来自读者在微信公众号"作家叶萱"及新浪微博@叶萱下的私信留言，部分相似问题有合并。

Q：

时间过得好快，从未婚到结婚，我是一路看萱姐的书过来的，如今离预产期还有18天，觉得你的育儿经验特别棒。我想问的是，呆哥因工作原因经常顾不上家里，你会觉得压力大吗？当生活中琐碎的事情围绕你时，你是怎样调节自己心态的？

A：

生活不易，所有人都不能在不断变换的压力指数下始终保持恒常心态，所以一定要给自己的生活寻找一个出口。这个出口，可能是三五知己，可能是一项爱好，也可能是一场临时的宣泄。

好友带给我们直面这个世界的勇气。我的微信里，有两个常去的聊天群，一个叫"假不正经闺密帮"，一个叫"不带男人玩"，常规内容是吐槽男人、公婆、熊孩子，这两个群的存在意义就是"你惨？我比你更惨"，各种生动鲜活的案例，分分钟毁灭你的抑郁。还有一群谈得来的同行，隔三岔五约个下午茶，谈的是文化项目、最近收获、需要碰撞的新构思。中年少女们凑在一起一定会说到生活的琐碎与无休止的压力，但有这么一群人在，你会知道自己并不孤独，也没必要孤独。生活还有万般可能，所谓"吐故纳新"，就是吐槽那些烦心的事儿，接纳那些给你新乐趣的事儿，明天会更好。

爱好是让生活更充实的途径。我喜欢写作，闺密甲喜欢烘焙，闺密乙喜欢健身，闺密丙喜欢画画和插花，闺密丁喜欢做手工……除了健身是直接用出汗的方式宣泄压力，其他都是慢工出细活，慢着慢着也就渐渐心平气和。最重要的是这些爱好会让我们走进一种新的生活方式、认识一群新的朋友，必要时参加一些聚会活动，悄然打开视野，也就渐渐不再纠结于一些小事。老公不回家也没空抱怨，因为刚好腾出一些时间、空间，让我可以带儿女出入这些场合，这是我们仨共同的休闲方式与碰触世界的方式。

实在还是排解不了郁闷的话，出门转转，试试买点自己喜欢的东西、看看自己向往的风景、吃点自己满意的美食，话说能把这本小书看到此处的人要说完全没钱也没时间应当不太可能，最关键的还是你能不能放下那些自己日常习惯了操心的事儿——你自己放不下那些琐事，就别指望那些压力能放开你。

记得对自己好点，才能对别人更好。

Q：

我知道脾气暴躁不利于孩子的成长，可就是克制不了。没耐心，想发火，但发完还会后悔。请教萱姐，如何做一个对孩子有耐心的、温和的母亲？经常看你微博上发一起学习的图片，你有没有气急了想抽的时候？

A：

我们都不是神。作为普通人，就不可避免会有怒发冲冠的时候。咚姑娘入学两年我发过两次火，都在一年级上学期。一次是她夜晚大吼大叫抗拒完成语音作业，干扰到他人休息，我很严厉地批评了她；还有一次是过于磨蹭，影响到了其他人的安排，我拍了桌子。

事后总结起来，我觉得发火除了让自己嗓子眼里始终顶着一口气、感觉很难受以外，其实什么用都没有。所以，从那以后我们通常是协商解决："你的工作是你自己的，我愿意帮助你完成，但如果你执意不去完成，那么后果自己承担。当然我可以帮你克服这个困难，只要你愿意和我一起研究。你可以去考虑一下到底要怎么办，想好了来找我，现在我要忙自己的事情了。"

说完这些我开始低头做自己的工作、看书或写作。几分钟后咚姑娘心里转过弯来，会默默去熟练拼音，然后拿着手机走到我面前找我帮忙录音（叮叮后来遇到类似事情时也是类似反应，只不过需要多提醒几次）。这个过程中我们顺便讨论学习拼音的技巧，再心平气和地默写几遍，我及时加以鼓励，小朋友的情绪越来越稳定。几次之后我把录音方法教给咚姑娘，她觉得新奇，自己便去录音玩，还带着叮叮一起录音、录像，悄无声息克服了"张嘴"障碍。当然，我发现作为一个妈妈，每天真的要多说很多话，尤其逢"谈判"时，常说到口干舌燥，但总比火冒三丈要有效。

总的说来，平息怒火其实有赖于两个基本条件：一是从生理层面而言，"大姨妈"和"大姨夫"都没有产生巨大影响；二是从心理角度来说，愿意相信"他们只是孩子"这个事实。

他们只是孩子，所以他们的理解能力、表达水平、记忆速度……都需要一个进步的阶段。任何时间想抓都不晚，但起点不能太高。适当放低要求，根据当时的水平寻找对策。不要因为比别人家的小孩慢而着急，要坚信只要找到合适的对策和方法，假以时日，我们的孩子完全能够迎头赶上。要给他们足够长的时间用来过渡与消化，完全不用一步到位，但要逐步推进、及时鼓励、有序提升。

许多时候，与其说我们的愤怒是因为嫌孩子笨、不认真，不如说一切矛盾的根源都在于——我们把自己的孩子想得太聪明。

育儿需要的，是平常心。

时至今日，我仍然会在需要的时候就严厉，但这种严厉主要用于确认对策后的强调规则，而不是盲目发火——那么小的孩子，当他们自己还不会寻找方法解决问题的时候，我们的怒火只能是雪上加霜，根本无法解决问题。如果我们作为成年人都解决不了问题，又有什么资格埋怨孩子解决不了？

所以，我不是温和，我只是懒得做一些浪费体力又没有效果的事罢了。

Q：

爸爸工作忙，会缺席孩子的教育和成长吗？有老人帮忙带孩子吗，主要是依赖老人还是你们自己带？

A：

当然会缺席，而且还会遗留若干在短时间内看不出来，但长此以往后患无穷的问题。比如，我发现叮叮开始不自觉模仿姐姐的一些细节动作，也会咿咿呀呀扮小娃娃和姐姐过家家，不能否认这都是在靠拢身边女性的行为方式，毕竟他所在的家庭常见的人是奶奶、姥姥、妈妈、姐姐，幼儿园老师也全部都是女性。所以为了平衡这种性别劣势，我会鼓励他去学习乐高机器人、游泳、足球，参加军事夏令营，那里从教练到学生100%都是男性；书法班、英语班都约了他的同班男生一起上课，以保证课间打闹的可行性；出门旅游一定会找个家有男娃的好友一路同行……我希望爸爸目前做不到的，好基友能陪他做。

奶奶一直和我们生活在同一屋檐下，是我们生活中有较大贡献的应急替补队员。万一我下课晚无法赶回市区，奶奶会去学校接叮叮和咚咚回家；有时我有应酬出门，奶奶会给他俩做饭。但万事都要有应急预案，随时要防备老人生病、回老家探亲等情况，所以我有相熟的社区工作人员可以在没人接孩子时代为接送，也有其他同班同学的家长刚好是我邻居，可以把孩子先接回她家。而必须出门应酬时也可以把饭局安排在书店附近，反正叮叮和咚咚特别喜欢留在书店办公室吃盒饭……但绝大多数时间是我接送、我做饭、我辅导作业、我带他们出门玩耍，我们是无敌战队哈哈哈！

说到这里，必须补充一点——其实90%的育儿问题，都涉及婚姻家庭问题。通常来讲较为稳定的育儿结构都要求孩子的第一监护人（即父母）能给予更多陪伴，并在家庭生活中有绝对话语权。至于如何获得这种话语权，有两个至关重要的因素：一是配偶双方都有责任意识和自理能力（比如孩子的爸爸不是"妈宝男"）；二是孩子的妈妈能够协调家庭生活中的诸多琐事，也有相应应急预案。具备了这两点，便无须长期、固定依赖谁。

Q：

生二胎需要多大勇气？如何能让两个孩子和平相处？我嫂子生二宝后没空陪大宝玩，寒暑假也不能带她出去旅游了，有时候让大宝帮忙照顾妹妹，大宝就很不开心，怎么办？

A：

相比抽象的"勇气"概念，生二胎更多需要的，是具象化的条件——身体健康，生活稳定，喜欢孩子这种生物，夫妻双方能就此问题达成共识，大宝表示理解且能接受，有足够的物质与精力支持……各家有各家的情况，各人有各人的考量，不要被他人的喜悦或抗拒轻易干扰，你要选择的，只是你能承担的那条路。毕竟，我们历尽千辛万苦生个孩子再养育大，也是要让自己高兴，而不是单纯为了给自己增添负担的。

至于如何能让他们和平相处，答案并不在简单的三两句做法上，而是在父母身上。在天长日久的相处里，如果没有真心平等的喜欢，行为中一定会渗透着急躁与偏颇，届时无论男孩还是女孩，都会因为本能的敏感而变得容易受伤。所以，这份协调工作要尽可能做在前面，让大宝参与二宝的全部成长，必要时可以存在有理有据的"不均衡"，以强调大宝的重要与责任，渐渐用有趣且可共同参与的项目让他们感受到彼此相伴的幸福，最终二宝会因为大宝的陪伴而平添安全感，大宝因为二宝的存在而增加成就感。简单说就是，不要让二宝成为大宝的负担，因为大宝不是看孩子的保姆，也没有义务要为弟弟妹妹牺牲什么。

叮叮出生后，我常常带着育儿嫂和姐弟俩一起出门度假，不用走得太远，去四百公里外的沙滩上挖挖沙子，咚咚就已经很开心了（咚咚六岁）；我闺密工作忙碌，家中也没有足够的人力来帮忙，又担心"一拖二"出远门有安全问题（小宝只有八个月），于是她闲暇时会带孩子们去本城郊外温泉度假酒店或田园民宿住几晚，大宝对此表示十分满意。由此可见，孩子这种简单真挚的小天使，只要父母引导得好，并没有太多攀比与强求。他们要的，只是心中确认没有缺失父母的爱而已。

Q：

咚姑娘平日放学后写作业磨蹭吗？怎样才能让他们快点写？每到期末复习就觉得死去活来，熊孩子一学期到底都学了点什么？！学了后面忘前面，不扎实还粗心，怎么办？

A：

大约是因为有提前一起上"晚自习"的铺垫，咚姑娘放学后写作业效率很高，而且假使我不在家，她也会自己写完作业、复习并预习完课程内容，把需要签字的那一页摆在我桌上……与此相比，叮少年的那个磨蹭啊，简直是人神共愤！对此我的理解是他还处于养成学习习惯的阶段，尤其是男孩子在学习衔接方面本来就需要更多时间，慢慢来，不能一蹴而就，一年内过渡成功、三年内巩固成良好的学习习惯就算相当完美。

叮少年的"磨蹭"具体表现为写一会儿玩一会儿、东张西望经常走神、身体乱晃屁股长刺、一学习就尿频……好在我们一般都是在同一张桌子上写作业和工作，我会随时提醒：

"还有十道题就写完了，很不错，加油，赶紧写完了去玩吧，不要在这里耗着了，上一天学也蛮辛苦的。"听到这句话叮少年一般都会用萌哒哒的眼神看着我，好像对这种体谅很感激，会赶紧写几道题，再继续晃悠。这时候我一般会交错性采用激励疗法，比如，看看他的作业，指出写得好的部分，赞扬几句，他高兴了，会老实写几道题再开始晃悠。此时得再换个方法，比如用姐姐做榜样，严肃指出"姐姐马上就要写完了，就要去玩了，你还没写完就只能孤独地在这里写，当然不写也可以，反正明天作业交上去被批评的也不是我"，然后表情淡定低头做我自己的事情，他会嘶吼几声，乖乖低头继续写几行作业……直到写完。但总体来说，写作业的速度在明显加快，中间穿插"晃悠"的次数在明显减少。

下一步的目标是在叮少年入学之后，请姐姐把先进的课程预习、复习经验分享给他，我们一起研究一年级上册课本。

至于额外的辅导班作业就比较艰难了，比如，对于书法作业，他提前各种讨价还价："写几行啊妈妈，写哪几个字啊妈妈？"我们通常各退一步，根据当天他残存的体力、距离晚饭或睡觉还有多少时间来判断到底写多少字。整体练字数量在其能够达到的标准数量之下，尽量在没有过多负担的情况下，通过不断的鼓励、分析、赞扬，一个个往下写。

在基础作业之外，每单元结束后我们会自发做一套卷子检查该单元所学，以便发现漏洞后有针对性地弥补。这种卷子咚姑娘做得很快，标准 90 分钟的卷子她基本数学 30 分钟、语文 40 分钟（含看图写话）每套。时间不长所以也压力不大，频率基本一周一次。如果发现错题或有意思的重点题会收集到错题本上。其实只要平时功夫到了，期末复习的压力并不大：只需要把错题本系统看一遍，再做几套专项复习卷就可以了。我们的节奏基本是临考前 2 ~ 3 周，隔几天做一套，有时候是选题型集中做（比如咚姑娘很喜欢一种叫作"解决问题"的题型，据称有逻辑推导的快感）……不限方式、不限内容，反正他们开心就好。

明确责任，开心履责——这就是我们的复习口号。

Q：

孩子依赖电子产品，天天拿 iPad 玩游戏。早知道就不买了，现在是我藏起来 iPad 他就玩手机，没有手机都不好好吃饭，我该怎么办？萱姐家是怎样的情况，叮叮和咚咚玩这些吗？

A：

我觉得平板电脑和智能手机在育儿过程中的影响可以一分为二地去探讨，有好的影响也有不好的影响，所以关键还是要取其精华，去其糟粕，为我所用。

从好的影响来说：随着现代教育的进步，有的小学课程和课后练习都是通过 App 来完成的，以视频或游戏的方式寓教于乐，如英语课的配音作业、国际象棋课的课后练习等，所以许多时候会发现没有 iPad 也不太方便。尤其是前文提到过，在我们家，咚姑娘早先是用上网本但现在是用 iPad 里的 Keynote 创作小故事，这也是巩固汉语拼音的有效手段；叮少年用口算 App 为自己批改口算题，因为很享受扫描后显示"全部正确"的过程而坚持每日练习口算……这些都是现代技术赋予的惊喜。

但是我们也很清楚，只要电子产品在手，不可避免会受到游戏诱惑，毕竟就算我们在家不玩，出门看到别的小朋友玩，也压抑不住那种渴求，回家会软磨硬泡。其实我挺理解他们的心态——毕竟这也是他们圈子里的流行文化，一点都不懂的感觉也很尴尬。

所以我和叮咚的谈判结果是：iPad 上只能给每人装一个游戏，每三个月可以更换一次，逢每周五、周六、周日，每人可玩 30 分钟。我不监督，但我抽查，偶尔忘记时间可以谅解，若耍赖皮延长游戏时间或两个人没有合理协调玩耍次序而引发争端，则取消游戏机会，而且下一次要缩短游戏时间……

就目前来看，他们信守承诺，一般一个人玩的时候另一个人会一边观赏一边帮忙盯着钟表，到时间就关上机器交还给我。因为妈妈屡次强调过"不要打破别人对你的信任，否则以后你所有的承诺别人都不信了，你也就没有什么玩的机会了"。

当然也有一些例外情况，比如叮叮晕车，而我们又常常出远门，所以在旅途上可以用 iPad 看缓存动画片，只是声音不能太大，尽量不打扰其他乘客；因为陪爸妈参加饭局或排队时间过长等待太无聊的时候，都可以适当玩一下游戏，毕竟人家也是牺牲了自己的玩耍时间陪我们出门参加活动的，只要不上瘾，问题都不大。

而不要形成游戏依赖的最本质方法，还是要用更丰富多彩的生活转移其注意力，比如更多室外游戏、更多外出行程、更多有父母或伙伴共同参与的玩耍项目，如果能从中形成某项孩子自己愿意坚持的爱好就更好了，因为爱好本身会消耗很多课余时间。至于我们家，托两个孩子的福，叮咚互相做伴，每天写完作业后的大量时间要么阅读，要么一起过家家、画画、玩玩具、讨论问题……当课余生活丰富起来，尤其是"夜生活"丰富起来后，他们常常忘记 iPad 的存在，因为毕竟还有更多重要的事情要忙。

总的来说，"有规可依，有规必依，执规必严，违规必究"

是我们的游戏原则，从没明说，但心照不宣。

Q:

在怀孕的时候看《愿你被这世界温柔相待》，现在孩子四岁了，又可以看到另一本新书的到来了，很期待。刚好又是小女孩，很想知道你是如何与长大后的咚咚相处的，也很想知道你是如何教她保护自己的？未来她们那代的女孩子该如何避免这样那样的危险？

A:

我们的相处方式，基本就是朋友间的相处方式吧。除了帮助规范行为的部分我会介绍规则、违反规则会批评，其他时间凡事多征求对方意见——可能也有个原因是咚妈我本身就选择障碍其实很不愿意帮人做决策呵呵。对于有决策难度的事情，有时会根据成年人的经验给出适当建议，但最终决策还是要他们自己做。根据对他俩的了解，有些容易反悔或发生争执的事情我会提前声明："决定了就不能反悔了，你能坚持你的决定对吧？"对方点头，那就据此执行。

上小学后，学校推荐了一个"安全教育平台"，这个平台用卡通视频的方式针对防灾、防溺水、防拐卖、防踩踏、防走失以及正确洗手、性知识等话题逐一讲解，小朋友们会参与互动答题，他们的自我保护意识已经比我们小时候有了极大进步。但是在力所能及的范围内，成年人的监护、陪护仍然非常重要，能陪伴就陪伴，安全距离范围内危险系数会下降。

不能忽略的，还有父母对相关信息的收集与抉择：选择去哪所学校、哪个辅导班、哪个度假村……所有这些信息，总要收集、甄别再判断。保持和幼儿园、学校老师的联系，及时发现那些不安全的因素，防微杜渐。

但最重要的，还是要保持良好顺畅的沟通吧——大家经常亲近地聊聊天，就能发现他们最喜欢的老师是谁，最喜欢的功课是什么，哭着喊着不想上幼儿园的原因是什么，不想去某个"小饭桌"（学生课后托管机构）的原因是什么……如果是无理取闹，不能姑息；如果涉及安全威胁，必须及时考证。比如某段时间咚姑娘哭哭啼啼表示不想去小饭桌吃午饭了，聊了聊才知道是那里新换了宿管老师，午休时纵容两个六年级的大姐姐聊天，于是同寝室里低年级小朋友都无法休息，而且这位老师还对两个不太受孩子们欢迎的高年级学生特别好，反倒对低年级小朋友很严厉。咚姑娘表示很不开心。坚决不再去这个托管机构，我尝试为她调换寝室后发现情况没有太大好转，同时她表示不想继续在这里吃午饭，我表示理解。在确认她能够接受午间没有床铺午休的情况后，把她换回了学校餐厅吃午饭。果然，咚姑娘的情绪就好了很多。也是通过这件事，我发现，除了人身安全威胁要及时防范，那些影响情绪心理的因素也可以在及时交流中被隔阻。

以及，如果条件允许，可以鼓励孩子学习一些自我防卫知识与技能。尽量使他们一能学会尽可能保护自己，二能学会放心大胆地求救。

治标，更要治本。

做妈妈，本就是一场有趣的玩耍

终于写完这本书，在这一年的母亲节。

说实话，自从做了母亲，我屡屡感觉自己养的不是两个孩子，而是两台碎钞机。

我翻翻消费记录，最大宗的消费应该是教育消费和旅行消费，其次就是日常买买买、吃吃吃、玩玩玩的消费。

不是没想过省钱，可是，绷不住啊！

因为，也是做了妈妈之后，才感觉一个崭新的、有趣的、花枝招展的世界在自己面前缓缓打开。

好玩的东西真的是太多了——我是做了妈妈，才知道各种国际玩具大奖。我第一次看见意大利 Quercetti 家那款叫作"万花筒"的齿轮玩具时，整个人都惊呆了：那么绚烂的色彩、光滑流畅的转轴、咬合恰当又胖乎乎萌翻了的齿轮，上面可以插动物或椰子树形状的插片，转一下把手，呼啦啦好像要飞起来……那天我和咚咚、叮叮哪儿也不想去，就想在家拼齿轮、转齿轮！

还有半开放式饲养的野生动物世界和海洋世界里，那些动物距离你不过咫尺之遥，许多伸手就能摸到，只要你购买统一食物还可以投喂……不觉得特别好玩吗？跟我们小时候经常手拉手去春游的动物园相比，简直是天壤之别！而博物馆里的野生动物大迁徙展览，那些栩栩如生的动物好像就在你面前奔跑；天文馆和科技馆里那些星体运行轨迹、火箭发射演示……我在咚咚和叮叮"哇哦""天啊"的感叹声里看得不舍得眨眼，因为那些知识对我来说，也是第一次知晓。

以及一个又一个陌生城市给我们呈现出的美——托孩子的福，我们的旅行不再形色匆匆，更不是一个人的孤独，而是每当我扑向一个好吃的路边摊，旁边立即围上两个急切的小脑袋，认真参与讨论买哪款食物、选择什么口味，会边吃边点头说"妈妈说好吃的一定是很好吃的"……那是来自粉丝团的崇拜，也是异乡里小伙伴们的抱团兴奋。

　　甚至学习时的成就感、被肯定的荣誉感、相互交流得到理解的满足感……所有那些快乐的情绪，都是可以相互感染的。所以有时也觉得哭笑不得——每当要规划"玩"、享受"玩"的时候，我好像比咚咚和叮叮更兴奋！

　　谢谢"母亲"这个行当，让我可以重新做一回"孩子"。

　　平日里，有时会翻旧相片。

　　那个白白胖胖的莲藕宝宝，是今天纤细高挑的咚姑娘吗？那个红通通皱巴巴哭成一张核桃皮的小婴儿，是今天每日里笑呵呵找人聊天的叮少年吗？他们，是怎么一眨眼，就长到这么大的？

　　当然，他们仍然软软的、嫩嫩的，充当我的小宠物——累一天回到家，捏捏粉红色的小耳朵，或者趁他们洗完澡咬咬小屁股和小肩膀……这两人从一边笑一边叫地乱窜，到后来特别淡定地一边穿衣服一边嘱咐"你只能咬一口啊妈妈，不能多咬"。偶尔还跟别人叹息"我妈妈说，她不咬我们一口就睡不着觉"。那个一本正经的小模样啊，让你觉得特别特别爱，一直爱到骨头里。

　　遥想十年前看偶像剧时，总会不由自主把自己代入女一号，想象男一号那样个子高高、好看的、优秀的男孩子路过你身边时，突然伸出手来一记"摸头杀"，你一抬头看见的笑容，好像阳光一样温暖和煦。可今天，再看偶像剧时，总是忍不住想，如果我女儿也有女一号的可爱与积极，如果我儿子也像男一号一样优秀又挺拔，如果他们遇见倾心对其的那个人，世界会变成怎样的花团锦簇？

我们终于从对女一号的假想，混成了男一号的妈，或者丈母娘。

这是一种全新体验，真的很有趣。

我非常感谢他们带给我更多新的、意想不到的可能性。

很幸运可以做两个孩子的妈妈。

因为给两个孩子做妈妈，就不得不多思考许多事。

比如从所有孩子的共性而言，如何既充分陪伴又给他们更多自由？如何推动他们热爱思考、独立探索又愿意分享？如何善意看待这个世界但还有基本警觉以便保护自己？

而从家有两孩的实际情境出发，如何协调好姐弟之间的关系，使分别敦促演变为他们的互帮互助？如何通过有意强调或刻意的不在意，使他们在争吵之余仍然紧密依恋？如何建设我们的家庭团队，使成员们逐渐从被动遵守规则到主动认同关照？

一路摸索，渐生惊喜。

他们一天天长大，互相陪伴，生活充实；互为榜样，态度积极。他们将越来越多的个人空间与时间还给我，却又在我需要他们的时候挺身而出——他们真的渐渐成为了我发自内心需要并认可的伙伴。

是走着走着才知道，陪伴的力量是相互的。

我们在和孩子一起玩的过程中付出物质与精力，却也从中收获大开眼界的新奇与快乐；我们引导他们学习主动判断与综合考量，也在不断的代入思考中成全一个思考全面、认知客观的自己；我们看他们在陪伴的玩耍中多了应对陌生的勇气，也在这份勇气的累积里更加安心地放手；我们一起学会待人与律己，互相关照却也尊重彼此的"边界"……

是了，我从来没跟他们商量，就把他们带到这个世界上来，他们不欠我的；刚出生的小婴儿那么软那么小，特别好玩，我是把他们当玩具玩到大，所以也没觉得他们烦；再大点他们能陪我玩、陪我睡、陪我吃，所以比起那些日常辛劳，我更感谢他们愿意参与到我的生命里来！

我是个很爱玩的妈妈，也希望他们将来是爱玩的父母，因为比起高学历、高收入的光芒四射，我更希望他们懂得如何成全一个进退得宜的自己。

我享受作为妈妈的这段旅程，从过去到现在，愿及将来。

足矣。

（完稿于 2018 年 5 月 13 日）

Start a trip...

　　形形色色的本子，是咚姐的宝贝——从我第一次带咚咚写口述作文起，历时两年，这种"咚咚说，妈妈记"的作文形式渐渐成为我们的共同爱好，也因此攒下近五万字的各类"作品"。

　　从最初说出的句子七零八落，到渐渐学会自己列口述提纲，再到自己根据提纲打草稿；从只会口述事件要素，到主动添加各种细节描写，再到尝试诗歌、故事创作……

　　写作，真的成了这个小女孩愿意坚持的爱好。

　　每一次旅行过后，咚咚都会写下游记，让我帮她冲洗照片、打印成册。从最初追求"字数多"，到后来追求"写得好"，现在还养成了随身携带小本子，随时记笔记或积累素材的习惯——我们是从"回忆玩"开始，高高兴兴地走向了"主动学"。

　　玩，是兴趣的缘起；兴趣，是最好的老师。

去扬州

"五一"我去了扬州，那是爸爸的故乡，也是我的故乡。

这是我第一次回故乡。

它和我想象的不太一样。我想象的扬州，有黄色的草地，是麦田。结果我看见的是平坦的道路、高大的楼房、漂亮的花朵、清澈的河水。

第一天我们去逛了东关大街。那条街很长很长，街上有很多小店：卖扇子的；卖酒的；卖钱包的，钱包上面的花绣得很复古；卖旗袍的，我觉得旗袍非常漂亮，还给自己买了一件；还有卖书的，那家书店的书都是古人写的，我买了一本食谱，叫作《随园食单》。

《随园食单》是我们吃货界的《葵花宝典》！咚姐一听说是菜谱立马就要买……这点还真是随我啊！

奶奶家后院的蒲公英

我非常喜欢爸爸给我买的手动风车，还有我很喜欢的老虎印章，还有各种好玩的事物。

第二天我去了爸爸小时候住的地方。我想象中的房子也是两层，不过里面的东西可没有这么多。我们去参加了一个爷爷的生日宴会，生日宴会上还有一个"麻将牌"蛋糕，因为这个蛋糕上放了几个巧克力做的麻将牌，有趣极了。在那里我还认识了一个小姐姐，她教我玩"炒蚕豆"这个游戏，这个游戏要两个人手拉着手，摇啊摇，然后转过身背靠背，嘴里一起说"炒蚕豆、炒蚕豆，炒完了蚕豆翻跟头"。

"麻将牌"蛋糕

还有一个好玩的，叫焰火棒（也叫滴滴金）。一开始没放成，后来一个伯伯帮我们用打火机点燃了，我们看到很多火花往外飘，很漂亮！我觉得爸爸的家乡非常好！

第三天我们去了枣庄，吃了辣子鸡。在枣庄我第一次见到妈妈的朋友苏阿姨，苏阿姨还送给了我项链和水彩笔，还是36色的，我非常喜欢，还抱了苏阿姨一下。

又过了一天早上，我们一起回了济南。

美丽的西双版纳

（节选）

　　我们旅行的第一站是"望天树"景区。望天树是一种特别高的树，有30多米高，所以人们把30多米高的树冠用绳子和木板连接起来，做成了"树冠走廊"。

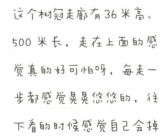

　　这个树冠走廊有36米高、500米长，走在上面的感觉真的好可怕呀，每走一步都感觉晃晃悠悠的，往下看的时候感觉自己会掉下去！每次都是叮叮走在最前面，笑笑走在叮叮后面，我走在笑笑后面，然后是爸爸妈妈们。叮叮和笑笑不停地往前跑，叮叮每次边跑边喊"我有恐高症啊，救命啊"，妈妈说"你有恐高症还跑这么快啊"，妈妈说她很害怕。后来快走完的时候我也走得越来越快，到最后一段的时候我都快跑起来了。到最下面的时候我们都想再玩一次这

个树冠走廊，但是妈妈被吓坏了，她决定再也不玩了！

……

我们去了"蝴蝶园"，这里的蝴蝶都好漂亮啊！但是我很害怕，我怕有毒的蝴蝶飞到我身上咬我一口，因为我以前在一本叫作《蝴蝶的舞衣》的书上看过一种"邮差蝶"是有毒的。又过了一会儿，我正在观察枯叶蝶的时候，突然有一只蝴蝶飞到我的帽子上，想要

这并不是你第一次毁我的形象了，咚英雄，我记住你了！

来"采蜜"，因为我的帽子上有一朵假太阳花！然后爸爸就告诉我，说我的帽子上有一只蝴蝶，我就吓得不敢动了，但我看见爸爸还在给我拍照呢！没过一会儿，一只蝴蝶又落在妈妈的帽子上。我就告诉妈妈："妈

7

妈，你的帽子上也有一只蝴蝶！"因为妈妈的帽子上

也有一朵灰色的花。

……

真的是很巧，第二天早晨下雨了，我们都穿着雨

衣出门，结果我发现了一只小猴子，我觉得它好可爱

呀！我看了它一会儿，它

就跳到了爸爸的行李箱

上，想拉开皮箱的拉链找

好吃的。后来爸爸拖着皮

箱准备往前走，但是小

猴子爬到爸爸的胳膊

上，抱着爸爸的胳膊不

松手！爸爸想把这只

小猴子弄下来，但弄

下来之后它又跳到了叮

叮身上，因为当时叮叮穿着

蓝色的雨衣蹲在地上，小猴子把叮叮当作行李箱

了！它跳到叮叮身上，还抱着叮叮的肩膀，用小爪子

抓叮叮的雨衣，因为小猴子把叮叮雨衣上的缝隙当成

了拉链。叮叮就用两只手托着雨衣，雨衣上坐着猴子，

叮叮被吓哭了。后来又来了一帮人，小猴子又去拖住别人的箱子，就被一起带到了度假村的前台。妈妈问叮叮什么感觉呀，叮叮说"那只猴子好沉呀"！

这一天是7月29日，我们坐车返回昆明。我们坐了好久的车，在路上买了一些红毛丹、山竹，山竹酸甜，红毛丹甜甜的——济南的红毛丹几乎是没有味道的，但是云南的红毛丹好甜呀！

那天晚上我们去酒店隔壁的万达吃了满记甜品。在济南的满记甜品里有一道叫作"杂果小圆子"的甜品，在昆明叫作"鲜杂果小叮叮"，哈哈哈哈！

……

我觉得这一次旅程很有意义，它让我看到了济南外面的蓝天白云，希望以后还能再去别的地方看一看。

难忘的国庆节 （节选）

　　10月2日，我和妈妈、姥姥、弟弟一起去了烟台山公园。爬了好多级台阶后，我看见了一座白色的、高高的灯塔。我渴望能上到最顶层，但是排队等电梯的人有点多，我就选择了走楼梯——楼梯是黑黑的、铁质的，有一点点旋转，很窄。我们爬了七层，终于爬到顶，出了门我感到迎面有一股冷风吹来，我去向妈妈要

了件外套。灯塔上的景色可真美啊，好大一片都是海，从上往下
看的感觉让我突然想起"欲穷千里目，更上一层楼"这两句诗。
下了灯塔我们去了海边，那里有很多大大的礁石，我在那里爬上
爬下，不一会儿就爬到了那里最高的礁石上。我在礁石上看到了
海浪不停地拍击石头，发出"哗啦"的声音，有些石头比较矮，
大浪冲过来的时候它们就被淹没在了浪底下，过了一会儿浪退
了下去，它们又露了出来。弟弟和妈妈在礁石的缝隙里找到了很多
小海螺和小寄居蟹，装在塑料瓶里带了回来。

漫长的旅行（节选）

　　2月7日，我们到了广州，去看了长隆大马戏，但是最好玩的还是长隆野生动物世界。我很喜欢动物园里的缆车，不知道为什么，就是一种莫名其妙的喜欢。我更想坐那种地板也是玻璃的缆车，可是轮到我们的时候，那一节缆车刚好没有玻璃地板，好遗憾啊！

　　这里有别处都没有的三胞胎大熊猫和双胞胎考拉！考拉在中国可是很难见到的！最重要的是，我们去那儿的时候，有的考拉刚好醒了！要知道考拉一天中可是很难醒一次的哦！因为它们吃的桉树叶有催眠效果，所以它们一天中大部分时间都在睡觉。我妈妈刚好拍到了考拉先转头看看我们，不一会儿又把头转

了回去，不想搭理我们的样子，我觉得它太萌啦！

我最喜欢长隆野生动物世界里面的"动物幼儿园"！这里有可爱的小狮子宝宝，它是1月13日刚刚出生的，它非常喜欢我，一直盯着我看！还有可爱的小豹子宝宝，它躺在小小的保温箱里，保温箱是用玻璃做的，里面有软软的垫子，我们去的时候它刚好在睡觉，毛茸茸的很可爱！我们还去喂了小老虎，对我来说它们很"大"啦！它们还有自己的游乐场呢。我们扔给它们生肉和鸡腿吃，它们吃得很开心。一开始只有三只老虎在等着我的食物，后来渐渐变成了五只老虎在等着吃好吃的肉肉。现场买的肉

很新鲜，扔得我自己都想吃了哈哈！

　　第二天我们又去了长隆飞鸟乐园。一进门我就看见了一个玻璃的大水缸，我走过去一看，发现里面是一条特别长的鳄鱼。这时旁边有个阿姨说这条鳄鱼已经37岁啦！

这个故事的后续——只听弟弟大喊一声："这条鳄鱼37岁啦，天啊，和我妈妈一样大！但比我妈妈长多了！"围观人群向我投来同情的微笑……

　　我们再往里面走，看见了孔雀住的地方。一开始我以为只有彩色的孔雀，后来我再往里走，发现还有白孔雀。白孔雀羽毛雪白，像披着一层白纱，高贵而不失优雅。我们还在这里看到了和手掌一样大的蜥蜴，会变色的变色龙。有一只变色龙趴在树枝上，我差点没发现它，它简直和树枝一模一样！它们打哈欠的时间非

常长，一开始我还以为它张大嘴巴是想叫或者是饿了呢，后来旁边的解说员叔叔告诉我它只是在打哈欠。

……

2月10日，我们去吃了"点都德"的早茶，不光食物好吃，茶具也很精致。我们点了水晶虾饺、马蹄糕、艇仔粥、榴莲酥、烧麦、豉汁排骨、叉烧包、流沙包等。这里的榴莲酥又软又小，入口即化，香甜美味。蛋挞很嫩，里面的黄就像水一样，拿的时候千万小心，它可能会碎的！这里的叉烧包和流沙包都很好，而且我发现不同店铺的流沙包竟然不一样哎。比如酒店门口的流沙包是奶油馅，点都德的流沙包带鸭蛋黄，香而不腻。红米肠外表很脆，是圆柱形，用芝麻酱和酱油蘸着吃，两种味道都不错，

我还试着先蘸芝麻酱再蘸酱油，味道也很好。

吃完早茶我们去了"方所"，这是一个杂货店一样的书店，我刚进门时还以为它是卖衣服的地方呢！进去了之后我发现有一边是卖衣服的，另一边是卖书的，还有喝咖啡的地方。然后我就一边喝咖啡一边看书。我买了一本东野圭吾的侦探书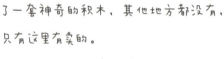《浪花少年侦探团》，津津有味地看了起来。弟弟买了一套神奇的积木，其他地方都没有，只有这里有卖的。

总之，我很喜欢这里，我要再来尝这里的早点，喝这里的椰汁，再来这里的"上下九"品尝别的美食！我还要

写到最后还没忘记开篇时的玻璃地板，真是"耿耿于怀"啊！

再来长隆坐一次空中缆车，希望能有幸坐到带玻璃地板的。

我喜欢这个充满热情的城市！

2月25日这天，我们去北京天安门广场看升旗仪式啦！我们早早就起床了，也就是五点多，这对我们来说可是个大挑战，因为我们很少这么早起床。等我们手牵手准备下楼的时候，我和弟弟说了一句（我也不知道是不是自言自语）："你看，外面的天还黑着呢！"但好像他们都没搭理我。

出了门以后，我们就一直往广场上跑，那里简直比"人山人海"还要"人山人海"。安检过后我们走向了国旗，我们站在了第一排，因为我和弟弟太矮了，所以好心的爷爷奶奶让我们往前站，

不然我们就看不清了（那来还有什么意义啊）。升旗的时候，也就是奏响国歌的时候，我感受到了威严和壮观。尤其是国旗往上升的时候，感觉好神圣啊！结果升旗仪式结束之后我才感觉升国旗的时间好短啊！我问妈妈是不是第一次来看，妈妈说"是啊"，所以从以后我还得领着我的孩子再来看一次。

　　……

唉，可怜天下父母心。不过……咚姐你考虑得还真长远啊！

　　2月27日，这是我们第二次来北京的中国科技馆了。我们一进来就往看电影那边蹿，结果发现"球幕电影"正在维修。球幕电影就是球形屏幕，所有东西都在球形屏幕上演，这个椅子是躺椅形状的，人要躺在上面才能看。上次来的时候，我看过的唯一一部也是最喜欢的一部球幕电影是《极光》。妈妈认为这部电影太好看了，她都不敢

睁眼睛了，怕错过什么细节或漂亮的场景。既然球幕电影没有，那就看4D和动感电影吧！所谓动感电影呢，就是好几组椅子摆在一个平面上，开始演的时候，椅子就会晃来晃去，前后左右都有，幅度还很大，很有动感的感觉。我看了三部动感电影，是《月球惊魂》《雪山飞车》和《地心历险》。这三部当中我喜欢的是第一个和第三个。因为我认为第二个有些枯燥，都是一直在轨道上行驶的感觉。而第三个又有些慢，所以我最喜欢的还是第一个《月球惊魂》。姥姥陪我看我认为很慢的《地心历险》，姥姥说幸亏只看了五分钟，要是看十分钟就吓晕了。而且姥姥说她还是一会儿闭着眼、一会儿用眼睛眯成一条缝看的。我觉得可惜只有五分钟，要是每部都有五十分钟就好了！

行吧，毁完我再毁你弟，现在还要毁你姥？果然是笔在谁手谁做主啊……

我的日本之行 （节选）

　　来日本的第二天，我们便去了迪士尼。进了门之后，第一眼看到的是睡美人城堡，接着我们去抢了"巴斯光年"的快速票，哦耶！抢到了几张3：30—4：00的票（可以在下午三点半到四点整之间不排队都能进去玩的神奇之票）！抢完快速票，我们这几个正宗的"玩货"就开启了玩儿的旅程！

　　第一站，太空山！一号站台等的时间不是很多，刚等了一个半小时，火车就开动了（就可以玩儿啦）。哇，够惊险，够刺激！坐的时候（呃就是刚坐下）有点小害怕，不过，等玩儿的时候……嗯，就更害怕了！刚开始还好，地势平缓，可是接下来有一个巨大的上坡，上去的时候坡度很大，人都快躺倒了。要知道有巨大的上坡就会有巨大的下坡，我就特别害怕，怕自己没有握好扶手从上面掉下去。果然，到了顶上之后，嗖的一下就冲了下去，速度很快！所以最快的速度冲下去，接着急忙

> 这段写得真棒！写文章这种事，三分靠技巧，七分靠真心。你有技巧，更有真心，妈妈为你自豪！（你妈大人不记小人过，该夸你时就夸你）

向左倾斜，幅度不小。还没回过神来，又急速往右斜！就这么一左一右，一上一下，直到我感觉快不行了，它才停下来。唉，真正体会到了"度秒如年"。当我下了车出来都有点难受了，弟弟说他"就是在一个圆球的空间里到处乱转"，他觉得自己快要晕了。

接着我们又去了印第安小木屋，有睡觉的地方、弹钢琴的地方、吃饭的地方、看书写字的地方。过了一会儿，我们来到了睡美人城堡门口，这是一个巨大的门，似乎能让一个巨人走过去，呈倒过来的U形。再往后离远一点，仍可直观看到的便是几个锥形的塔尖。往里走是灰姑娘的玻璃壁画。外面的阳光照进来，照在玻璃壁画上，显得闪闪发光、美轮美奂。

……

　　最后一站，我们去了日本大阪环球影城。

　　在大门口，我们看见了环球影城的标志——一个人地球，上面写着 UNIVERSAL。我们检完票，就狂奔到哈利·波特的霍格沃茨城堡。这里跟电影上一模一样。由于我们买了快速票，十五分钟左右就进去了，进去上了楼梯，楼梯旁边的墙上挂了很多画框，也跟电影里一样，画框里的人物竟真的可以说话、招手、做动作。其中一个画框里的人好像在用日文说"快往里走"，但我记得电影里的这个人原文是"把灯关上"。再往前走忽然一阵凉风吹来，女孩儿的第六感告诉我可能会有点可怕哦，我吓得立马就手脚冰凉。要上车了，车上是横排四人座，我坐在从左数第三个。开始玩之后，我看到了一直垂在网上的大蜘蛛，它还冲我吐"口水"呢！不过，最好玩的还是"跟着哈利·波特一起飞"。有在峡谷飞的，有跟着哈利·波特在赛场上捉金色飞贼的。由于灯光很暗，看不见身边的人，所以就会觉得只有自己在飞。我的小"飞贼"啊，你慢点啊，OK？往左斜一点，缝隙有点窄哦！正过来，宽度足够。咦，你咋往上走呢？好吧，咱也往上。飞贼宝宝，你往右走啦？嘻嘻，我已经知道接下来你想去哪儿了。哼，怎么不按常理出牌？那我继续跟着你走……这样飞了一会儿，我就觉得有点害怕了，因为它偶尔会往上倾一点，搞得我都冒细丝儿汗了。等到下来之后，才知道妈妈和弟弟没上去，因为弟弟身高不够。妈妈当时很奇怪，就用英文问工作人员："他的身高不是够了吗，一米二啊！"因为那个日本的工作人员叔叔只听得懂日文，不太懂英文，所以那个叔叔去找了个能听懂英文的工作人员叔叔上来，等叔叔知道问题后，回答："不，是一米二二。"最近这几天，妈妈一碰到熟人就讲这个事，我都听烦了（因为妈妈觉得钱白花了）。最后，妈妈把弟弟交

又来了！我绝对是咚姐故事里出镜率最高的人，为我"良好"的形象奠定了基础……（哭）

给了我和淘子一家，自己去玩了一通，下来之后觉得不错，真可惜弟弟没有上去。

我们还发现了一种"黄油啤酒"，特别好喝！其实这个"啤酒"没有酒精，小孩儿也可以喝。啤酒被做成了入口即化的冰沙，上面铺着一层奶油。由于我不爱吃太甜的东西，奶油我也极少吃，所以嘛，奶油我也就不吃了。每个人都有一根吸管，插在里面吸着吃。这里面的冰沙啤酒不但没有酒味，竟还有一种特别的甜味。在大夏天里吃这种美味，简直是往火上

放冰啊——由于冰本来就凉，
等它融化后，火就快灭了。

　　然后我们去玩了"小黄人"
和"蜘蛛侠"，还看了一场
花车巡游。这场花车巡游与

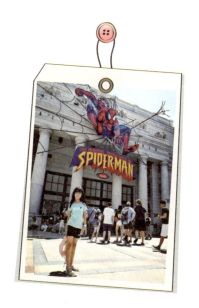

众不同——一开始因为太热
了我都不想看了，但是很快我
们就发现了异常，每个人都披着毛巾、拎着水枪，小朋友背后
还背着小黄人储水包，储水包也连着水枪，还有人穿着雨衣，
所以我们很奇怪，这是要下雨的节奏吗？后来发现，这场花车
巡游其实是一场人与人的水战。花车上的人先跳舞，后来有一些
装满水的小车开过来，上面挂满了水枪和水桶。刚才跳舞的那

些人就拿起水枪往我们这边喷过来，拿着水桶的那些人就从水车里面舀一桶水，往我们这里泼过来。我们旁边的小朋友也拿起水枪射花车上的人，场面很欢乐，湿漉漉的一片。我们从里到外都

湿透了，然后湿着去玩了小黄人，那里面又暗还有空调吹，衣服贴到身上就会觉得异常冰冷。因为当时天气热，玩完出来后，衣服才基本干了。可想而知，那天的太阳有多么大！

……

又过一天，我们离开了日本。因为很舍不得，所以最后在机场又逛了几家小店。但是还是要说再见，因为说了再见，重逢才会更加有意义。

我非常喜欢最后这句话！

咚咚的"另类"创作

《小时候的我》

[现] 咚咚

小时候的我，
不懂得什么叫爱情，
什么是温暖。

现在，
那个八岁了，
已经长成大姑娘了。

可是，
我们还想回忆。

当我刚出生时，
我看见了妈妈兴奋的脸，
可是，
我没有吱声。

嗬，说得好像你现在就懂什么叫爱情了似的……

话说，刚出生那天，除了哭，您还想怎么吱声？

如果用实力写，应该不会像你这样吧。

《《我的实力派写作》》

2018、6、7 呈期四　晴

我们写作 很平常，但如果用实力写，那么会怎样？

《春夏秋冬的争吵》

一天，春对夏对秋对冬说："洪水要来了。"

夏是乖孩子，一听这话，便逃到山洞里了。

秋是急性子，一听这话，便躲到大海里了。

只有冬不为所动，他知道所有事情都要看了才知道。

果然，等了三百六十五天，洪水也没有来。

可是不久，人类就被冻死了。

再见！！！

嘿哟，恕我眼拙，没看出来家里还藏着个"哲学家"呢……

所以，咚姐，你是想说——春天里，黑暗给了你黑色的眼睛，你要用它去寻找妈妈？

《春》

春天，小鸟叽叽喳喳地叫，像来它也在为春天的到来而兴奋呢！可是，这件事，打破了我所有对美好的向往：

一天，我坐在书桌前，在默写。

突然，周围一片黑暗，最紧张的我第一时间想的是：快去找妈妈！

从此，我再也不幻想了。

End...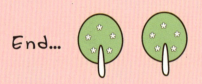